'अमर' दोहावली

(सरल दोहा रचना विधान सहित)

डॉ. अमर सिंह सैनी 'श्रीमाली'

(एम.ए., पी-एच.डी.)

सेवा निवृत्त शिक्षक-हिन्दी विभाग

श्रीमाथुर चतुर्वेद संस्कृत महाविद्यालय,

डैम्पीयर नगर, मथुरा।

'अमर' दोहावली

© डॉ.अमरसिंह सैनी "श्रीमाली" (एम.ए., पी-एच.डी.)

प्रथम संस्करण :- 2024

मुद्रक एवं प्रकाशक :-
नोशन प्रेस,
7, रेड क्रास रोड,
चेन्नई- 600008
ई-मेल :-publish@notionpress.com

मूल्य :- आवरण पृष्ठ पर मुद्रित

समर्पण

यह दोहा कृति
'अमर' दोहावली
श्री राधा विनोद बिहारी जी को
सादर समर्पित है।

डॉ.अमरसिंह सैनी 'श्रीमाली'

आचार्य नीरज शास्त्री
अध्यक्ष
तुलसी साहित्य-संस्कृति अकादमी न्यास
34/2, 'गायत्री निवास', लाजपत नगर,
एन. एच- 2, मथुरा- 281004
मो.-9259146669

===

" शुभकामना-सन्देश "

यह जानकर अत्यधिक हर्ष की अनुभूति हो रही है कि श्रीयुत् डॉ. अमरसिंह सैनी 'श्रीमाली' जी द्वारा 'अमर' दोहा शतक के उपरांत 'अमर दोहावली' नामक ग्रंथ का प्रणयन किया जा रहा है।

आदरणीय 'श्रीमाली' जी वर्तमान समय में ब्रजभूमि के सिद्धहस्त दोहाकार हैं। मुझे इस ग्रंथ की पांडुलिपि पढ़ने का सुअवसर मिला तो मन गदगद हो गया क्योंकि इस ग्रंथ में आदरणीय 'श्रीमाली' जी ने मां शारदे, परम प्रभु श्री कृष्ण, परम प्रभु श्री राम एवं जगद्जननी जानकी जी के साथ ही, गुरुदेव, भक्ति, नीति आदि सुसंगत विषयों को अपने सृजन हेतु चयनित किया है। उन्होंने पूरी निष्ठा एवं ईमानदारी के साथ अपने कवि धर्म का निर्वाह किया है।

ऐसा अनुभव होता है कि ये दोहे परम शक्ति द्वारा विशेष प्रेरणा देकर उनसे लिखाए गए हैं।

मुझे आशा ही नहीं, अपितु पूर्ण विश्वास है कि यह कृति उनके यश में श्रीवृद्धि करेगी तथा दोहा छंद के सृजन हेतु नये रचनाकारों को प्रेरित करेगी।

अनंत हार्दिक शुभकामनाएं।

सादर

(आचार्य नीरज शास्त्री)

डॉ. राम सेवक
निदेशक
सरस्वती विद्या मंदिर
प्रदेश प्रकाशन माधव कुंज, मथुरा

==

" शुभकामना-सन्देश "

व्याकरण की दृष्टि से दोहा एक ऐसी छंदोबद्ध रचना है जो अपने में सम्पूर्ण कथ्य को समाहित किए रहती है। पाठक को प्रत्येक दोहा में पृथक-पृथक पाथेय प्राप्त होता है। वह जितना पढ़ लेता है, उतने में ही धन्यता की अनुभूति करता है।

हिन्दी साहित्य इस दृष्टि से बहुत समृद्ध है। छठी शताब्दी में सन्त तुलसीदास से लेकर कबीर दास, रहीम दास, गुरु नानकदेव, बिहारी दास जैसे अनन्य साहित्यकारों ने दोहा छंद को चुना। परिणामस्वरूप नैतिक, धार्मिक, आध्यात्मिक ज्ञान की त्रिवेणी में सम्पूर्ण भारत ने स्नान कर उसमें डुबकी लगाकर जीवनमूल्यों को प्राप्त किया।

यह परमानंद का विषय है कि लीला पुरुषोत्तम भगवान् श्री कृष्ण की पावन धरा पर जन्में डॉ. अमर सिंह जी 'श्रीमाली' ने अपने उदात्त भावों को दोहा संग्रह में संजोया है। उनकी यह अमर कृति पाठकों के अंतस में श्रद्धा, विश्वास और भक्ति की पावन त्रिवेणी प्रवाहित करेगी।

निश्चय ही यह कृति शोध-छात्रों, पुस्तकालयों, संस्थाओं और व्यक्तियों के लिए कल्याणकारी सिद्ध होगी। मैं अपनी ओर से हिन्दी साहित्य की इस अनुपम कृति के लिए अनन्त-अनन्त हार्दिक शुभकामनाएं और बधाई अर्पित करता हूं।

जय जय श्री राधे।

(डॉ. राम सेवक)
150, गोधूलि पुरम एक्सटेंशन फेस 2
(पानी की टंकी वाला पार्क) वृन्दावन धाम (उ प्र.)

करहविहारी   ।।श्री सीतारामजी महाराज।।   सरन तिहारी

डॉ. धर्मेन्द्र कुमार अग्रवाल

संस्कृतभारतीव्रजप्रान्त

एम.ए. बी.एड. (संस्कृत, हिन्दी पीएच.डी.)
अवकाश प्राप्त विभागाध्यक्ष (हिन्दी, संस्कृत)

केशव भवनम् सरस्वती कुण्ड, मथुरा
मन्त्री

श्रीजी बाबा सरस्वती विद्या मन्दिर
गोवर्धन मार्ग, मथुरा

तुलसी साहित्य संस्कृति अकादमी न्यास, मथुरा
उपाध्यक्ष

परमश्रद्धेय डॉ. साहब,

कोटिशः वन्दन

यथा नाम तथा गुण अमर दोहावली प्रकाशन का समाचार घनश्याम घोर गर्जन से मुदित मन मयूर नर्तन करने लगा। भावमय प्रस्तुति भगवद्भक्ति रचनाओं के रसास्वादन से रसिक हृदय सदा सर्वदा संतृप्त होता रहेगा। ऐसी मेरी मान्यता है। जन सामान्य को भगवद् भक्ति की ओर ले जाने वाली सुदृढ़ नौका सदृश रचना निश्चित ही अपने लक्ष्य को प्राप्त करेगी ऐसा इस अकिंचन को विश्वास के साथ प्रभु राघवेन्द्र सरकार के श्री चरणों में सादर विनय भी।

अनेकशः शुभेच्छाओं के साथ !

शुभेच्छु

(डॉ. धर्मेन्द्र कुमार अग्रवाल)

मदन मोहन 'अरविन्द'
सी-69, बालाजी पुरम,
मथुरा - 281006

==

डॉ. श्री अमरसिंह सैनी 'श्रीमाली' जी,

प्रसन्नता का विषय है कि प्रभु प्रेम, देशप्रेम, प्रकृति प्रेम से सिक्त आपकी नवीन दोहा कृति 'अमर दोहावली' शीघ्र ही साहित्य प्रमियों के समक्ष होगी। आशा है आपकी श्रमज्योति से दैदीप्यमान यह कृति हिन्दी भाषा के भण्डार में एक जगमगाते रत्न की भाँति सुशोभित होगी।

पुस्तक प्रकाशन के अवसर पर मेरी हार्दिक बधाई और शुभकामनाएं।

सादर

(मदन मोहन 'अरविन्द')

प्राक्कथन

दोहा मानवीय भावनाओं की सबसे सशक्त अभिव्यक्ति है, जो गागर में सागर भरने की कहावत को चरितार्थ करती है। हिंदी काव्य साहित्य में दोहा छंद का सदियों से अपना एक विशिष्ट स्थान रहा है । ख्याति प्राप्त कवि गण इसके माध्यम से अपने भावों को व्यक्त करते आए हैं। कबीर,रहीम, तुलसी, बिहारी आदि ने इसे अपना कर सर्वाधिक शक्ति संपन्न छंद के रूप में प्रतिष्ठित किया। इनके रचित दोहे जनमानस के हृदय पटल पर आज भी अपना प्रभाव बनाए हुए हैं और लोगों के द्वारा सस्वर गाए जाते है।

आत्मा की मुक्तावस्था ज्ञान दशा कहलाती है, उसी प्रकार हृदय की मुक्तावस्था रस दशा कहलाती है और हृदय की इसी मुक्ति - साधना के लिए मानव की वाणी जो शब्द विधान करती है, उसे कविता कहते हैं। कवि कोई भी हो सकता है किंतु हृदय जब सहृदय बन जाता है, तो भाव स्वत: स्फुरित होने लगते है। कविता मानव के मुक्त हृदय की सरस रागात्मक अभिव्यक्ति है,जो स्वयं, पाठक व श्रोता को आनंद प्रदान करती है।

आधुनिक युग में नई पीढ़ी वर्तमान संस्कृति के चलते कविता और साहित्य से दिन प्रतिदिन दूर होती नजर आती है।आज का युवा पुस्तक पढ़ना, काव्य गोष्ठी या कवि सम्मेलन में जाना कम पसंद करता है। उसमें इंटरनेट के प्रति रुझान के साथ-साथ पुस्तकों और काव्य साहित्य के प्रति रुचि होना भी आवश्यक है। हिंदी भाषा के काव्य साहित्य के प्रति निष्ठा, लगाव बढ़े और युवाओं को काव्य रचना की प्रेरणा मिले, इस उद्देश्य से पाण्डुलिप के रूप में संकलित दोहों में से "दोहावली" पुस्तक (दोहा रचना विधान के साथ) प्रकाशित करने का विचार मन में आया।

ईश्वर ने मुझे संस्कृत विद्यालय में अध्यापक बनाया। सौभाग्य से मेरा जन्म भी श्री कृष्ण की जन्म भूमि मथुरा के माथुर चतुर्वेद संस्कृत विद्यालय में हुआ था। जन्म काल से ही वेद मंत्रों की ध्वनि मेरे कानों में पड़ने तथा परम तेजस्वी विद्वज्जनों की अहेतुकी कृपा से भक्ति संस्कार

सहज ही मिल गये थे और समय आने पर दीक्षा ग्रहण कर भक्ति भाव में प्रविष्ट हुआ। कहने का आशय यह कि मेरी रुचि भक्ति में अधिक व काव्य रचना में नगण्य थी, इसी कारण मैंने अध्यापक पद से दो वर्ष पूर्व ही अवकाश ले लिया। मुझे यह स्वीकार करने में कोई झिझक नहीं है कि मेरा मूल स्वरूप एक भक्त का ही है और अपने इसी स्वरूप में मुझे सर्वाधिक आत्म संतुष्टि मिली है।

अपनी काव्य रचनाओं को मैं ईश्वर और माँ शारदे की अहेतुकी कृपा ही समझता हूँ। मेरे प्रिय शिष्य आचार्य नीरज शास्त्री अध्यक्ष, तुलसी साहित्य संस्कृति अकादमी, मथुरा ने अपनी संस्था से जोड़ कर प्रार्थना की, कि आप हमें अपने ज्ञान से लाभान्वित करें और संस्था द्वारा किये जा रहे प्रयासों को गति प्रदान करने में सहयोगी बनने की कृपा करें। आप हिंदी को समर्पित है,अपने पाण्डुलिप के काव्य को प्रकाशित करा कर युवाओं लाभान्वित करें। इस काव्य पुस्तक के प्रकाशन का यही सबसे बड़ा उद्देश्य है।

मैं इस काव्य रचना की प्रस्तुति के लिए दिल की गहराई से उस परम पिता परमेश्वर का आभार व्यक्त करता हूँ,जिसने मुझे भक्त के साथ एक कवि होने का व्यक्तित्व प्रदान किया, जबकि काव्य अभिव्यक्ति करने में, मैं स्वयं को अक्षम समझता हूँ। मैं आभारी हूं डा. नटवर नागर (हिंदी विभाग)श्री माथुर चतुर्वेद संस्कृत महाविद्यालय, मथुरा का, जिन्होंने मुझे अध्यापन काल में दोहा की मात्रा का ज्ञान देकर मुझे दोहा लिखने को प्रेरित किया। मैं आभारी हूं श्री पुरुषोत्तम पोद्दार जी सेवानिवृत प्रधानाचार्य एवं "दोहा-दर्पण" मंच संचालक आगरा का जिन्होंने मुझे सदैव विविध छंदो में लेखन की प्ररेणा दी।

"तुलसी साहित्य संस्कृति अकादमी, मथुरा" के अध्यक्ष युवा साहित्यकार आचार्य नीरज शास्त्री एवं मेरे प्रिय शिष्य ने मेरी रचनाओं को एक मंच और आवाज प्रदान कर जन-जन तक पहुँचाने में अपना अतुल्य योगदान दिया और पुस्तक प्रकाशित करने के लिए निरंतर प्रेरित करते रहे है।

मैं आभारी हूँ श्री श्याम प्रकाश देवपुरा प्रधानमंत्री, साहित्य मंडल, श्रीनाथ द्वारा का जिन्होंने मुझे 'ब्रजभाषा विभूषण -2018' को मानद उपाधि से सम्मानित किया और मैं आभारी हूं पंडित हर प्रसाद पाठक स्मृति बाल साहित्य पुरस्कार समिति मथुरा के सचिव डॉ. दिनेश पाठक

'शशि' का जिन्होंने मुझे 'हिंदी रत्न-2021' की उपाधि प्रदान कर सम्मानित किया, जिसके लिए मैं स्वयं को सर्वथा अयोग्य समझता हूँ । साथ ही मैं आभारी हूँ "फेसबुक" का जिस पर मैं समय-समय पर अपनी रचनाएं विभिन्न मंचों पर पोस्ट कर मित्रों, परिचितों, नितांत अपरिचितों, कविगणों एवं व्यक्तियों तक पहुँचा सका और उनके लाईक्स व हृदयस्पर्शी कमेन्ट्स प्राप्त कर सका। ये लाइक्स एवं कमेंट्स मेरे लिए अमूल्य व अतुल्य निधि के समान थे। इनसे मुझे प्रेरणा संबल और आत्मविश्वास मिला। उन सभी फेसबुक मंचों का भी आभारी हूँ, जिन्होंने मेरी रचना को सराहा ही नहीं अपितु समय-समय पर सम्मानित भी किया। मैं आभारी हूँ उन सभी पाठकों, श्रोताओं का, जिन्होंने मुझे पढ़ा,सुना और सराहना भी की।

अंत में,अपनी पत्नी श्रीमती गंगा देवी पुत्रगण जगदीश सैनी, दीपक सैनी पुत्र-बधु खुशबू एवं शारदा को धन्यवाद देता हूँ जो मेरी रचनाओं के प्रथम श्रोता एवं समालोचक रहे हैं ,ज्येष्ठ पुत्र जगदीश सैनी ने अपने पुत्र धर्म का निष्ठा से पालन करते हुए पुस्तक प्रकाशन कार्य में अपना अतुल योगदान दिया है। जहाँ एक ओर मैं अपनी इन रचनाओं को आप तक पहुंचा कर आत्म संतुष्टि अनुभव कर रहा हूँ वही दूसरी ओर मेरे लिए अग्नि परीक्षा के समान भी है। पाठकों की समालोचना की आग से गुजर कर ही रचना निखर सकती है। सभी सुविज्ञ पाठकों से अनुरोध है कि वे अपने सुझाव अथवा आलोचना मुझे प्रेषित करेंगे ताकि भविष्य में कमियों को दूर किया जा सके।

डॉ.अमरसिंह सैनी 'श्रीमाली'
मथुरा।
दिनांक-14-02-2024
बसंत

अनुक्रमिका

लेखक परिचय

1- नाम :- डॉ.अमर सिंह सैनी

2- साहित्यिक नाम :-'अमर'एवं 'श्रीमाली'

3- पिता/पति :-स्व.श्री मंगी लाल

4- स्थायी पता :-240/305, प्रताप नगर वेस्ट, महोली रोड़,
पो.आ.कृष्णानगर, जिला-मथुरा (उत्तर प्रदेश)-281004

5- फोन नं/व्हाट्सएप/ ईमेल :-मो.नं.(व्हाट्सएप) 9410615708
एवं अन्य मो.नं. 9897536610

ईमेल :- dr.amarsinghsaini@gmail.com

6- जन्मतिथि :-10-11-1957 (दस नवम्बर सन् उन्नीस सौ
सत्तावन)

7- शिक्षा :- एम. काम., साहित्यरत्न,एम.ए.(हिन्दी), शिक्षा
विशारद, विधिविशारद,पी.एच-डी.

8- व्यवसाय :- सेवानिवृत्त, शिक्षक (आधुनिक विषय-हिन्दी)
श्री माथुर चतुर्वेद संस्कृत महाविद्यालय,डेम्पियर नगर,मथुरा।

9- प्रकाशित पुस्तकों की संख्या :-

    1.इक्कीसवीं सदी के चुनिंदा दोहे (साझा-संकलन)

    2.दोहा पच्चीसी (साझा-संकलन)

    3. शब्दों की टंकार (साझा-संकलन)

    4. शोध ग्रंथ 'राधावल्लभ संप्रदाय के ब्रजभाषा गद्य साहित्य
    का सर्वेक्षण'

    5. 'अमर' दोहा शतक (दोहा रचना विधान सहित)

    6. 'अमर' दोहावली

10-सम्मानों की संख्या :-

    1-श्री माथुर चतुर्वेद संस्कृत महाविद्यालय, मथुरा ने शिक्षा के
क्षेत्र में की गयी सराहनीय सेवा हेतु 'प्रथम बाबू बैजनाथ

शिक्षा- भूषण सम्मान- 2014' से सम्मानित किया गया।

एवं

संस्कृत के प्रचार-प्रसार में किये कार्यों के लिए सम्मान-2019

2-साहित्य मंडल श्री नाथद्वारा ने 'बृजभाषा विभूषण-2018' की मानद उपाधि से सम्मानित किया।

3- प्राचीन छात्र-संघ माथुर चतुर्वेद संस्कृत महाविद्यालय, मथुरा द्वारा सम्मान-**2020**

4- पं. हरप्रसाद पाठक बाल साहित्य पुरस्कार समिति द्वारा 'हिन्दी रत्न सम्मान-2021' से सम्मानित किया गया।

5-सामाजिक संघ व बाल विद्यालयों द्वारा अनेक मंचीय सम्मान।

11- रचना की विधा :- पद्य एवं गद्य में

1-दोहा छंद, कुंडलियां छंद ,मुक्तक छंद, कविता, गीतिका आदि ।

2-गद्य विधा में अनेक पत्र-पत्रिकाओं में विविध निबंध एवं शोध निबंध, समीक्षाओं का प्रकाशन।

3-सह सम्पादक- 'ब्रजनन्दनी'

4- वृंदावन शोध संस्थान में व्याख्यान ।

एवं

'ब्रज संस्कृति विश्व कोश' में टिप्पणी लेखन कार्य।

5-परामर्शदाता- तुलसी साहित्यधारा

सरल दोहा रचना विधान

हिंदी काव्य साहित्य में दोहा छंद का सदियों से अपना एक विशिष्ट स्थान रहा है। अनेक ख्याति प्राप्त कवि इसके माध्यम से अपने भावों को व्यक्त करते रहे हैं। कबीर, रहीम, तुलसी, बिहारी आदि ने इसे अपनाया और इसे सर्वाधिक शक्ति संपन्न छंद के रूप में प्रतिष्ठित किया।

दोहा छंद की लोकप्रियता, सरलता, प्रभाविकता एवं मारक क्षमता को समझते हुए खड़ी बोली में दोहा रचना को बढ़ावा देने एवं नवयुवकों में रुचि पैदा करने के उद्देश्य से 'सरल दोहा रचना विधान' यहां प्रस्तुत कर रहे हैं। आज के युग में नवयुवकों की रुचि साहित्य-अध्ययन व लेखन के प्रति दिन-प्रतिदिन कम होती जा रही है। हम चाहते हैं कि बाल्यकाल से ही लेखन-रुचि उत्पन्न कर हिंदी साहित्य की सेवा में नवयुवकों को लगाया जाए। जिससे निकट भविष्य में अच्छे साहित्यकार देश को मिल सकें।

'सरल दोहा रचना विधान'

दोहा एक मात्रिक छंदबद्ध रचना है। सभी छंदबद्ध रचनाओं के लिए मात्रा भार गणना और सभी आठों गणों का ज्ञान होना, रचनाकार के लिए अति आवश्यक है। इसकी जानकारी के बिना सही-सही लिखना असंभव ही समझें। ऐसा भी नहीं है कि सिर्फ इसी की जानकारी से छंद लिखना आ जाएगा, हाँ, छंद लिखने के प्रयास की शुरुआत करने पर आगे आपको अन्य रचनाओं में स्वत: सहायक सिद्ध होगा।

भाषा बोल-चाल का माध्यम होती है। अतः जो भी नियम या विधान बना उसका आधार भी अक्षर का स्वर ही रहा। हिंदी में अक्षरों को दो वर्गों में रखा गया है-

1-स्वर-अ,आ,इ,ई,उ,ऊ,ए,ऐ,ओ,औ और ऋ।

इनमें अ,इ,उ,ऋ लघु मात्रिक है।जिनको दर्शाने का चिन्ह (।) होता है, इनसे ह्रस्व स्वर निकलता है। इन चारों का मात्रा भार एक (1) होता है और ये यदि किसी व्यंजन से जुड़ते हैं तो व्यंजन के मात्रा भार पर कोई फर्क नहीं पड़ता। यथा-क्+अ=क, क्+इ=कि, क्+उ=कु,

कृ+ऋ=कृ अर्थात् मात्रा भार एक(1) ही रहेगा।

इन चारों (अ,इ,उ,ऋ) को छोड़कर अन्य सभी स्वर दीर्घ मात्रिक या गुरु कहलाते हैं, इनका मात्रा भार दो (2) होता है। ये यदि किसी व्यंजन से जुड़ते हैं तो व्यंजन के मात्रा भार को दीर्घ अर्थात गुरु (S) कर देते है और व्यंजन का मात्रा भार दो (2) हो जाता है। यथा- कृ+आ=का, कृ+ई=की, कृ+ऊ=कू, स्+ऐ=से, स्+ओ=सो आदि इस प्रकार सभी गुरु या दीर्घ मात्रिक हो जाते है और मात्रा भार दो(2) होता है।जिसको दर्शाने का चिन्ह (S) होता है।

2-व्यजंन- क ख ग घ से क्ष त्र ज्ञ तक सभी व्यंजन कहलाते है। क्ष,त्र और ज्ञ को छोड़कर सभी व्यंजन स्वतंत्र रूप से लघु मात्रिक या लघु कहे जाते है और इनका मात्रा भार भी एक होता है। क्ष,त्र,ज्ञ,का मात्रा भार इन शब्दों की प्रयोग के आधार पर निर्धारित होता है। क्ष,त्र,ज्ञ 'संयुक्ताक्षर' कहलाते हैं। उदाहरण से समझें- क्षमा=1+2=3 मात्रा, क्षरण=1+1+1=3 मात्रा, क्षोभ=2+1=3 मात्रा।

उपरोक्त तीनों (क्षमा,क्षरण,क्षोभ) के उच्चारण में 'क्ष' का 'ष्' नहीं आया है,इसलिए इसे लघु माना गया अर्थात मात्रा भार एक(1) होगा। ऐसा तभी होगा जब 'क्ष' शब्द का पहला अक्षर हो। उदाहरण से समझें-

कक्ष=क+क्+ष्+अ=2+1=3 मात्रा।

कक्षा=क+क्+ष्+आ=2+2=4 मात्रा।

रक्षाम=र+क्+ष्+आ+म=2+2+1=5 मात्रा।

सामान्य तौर पर देखने पर कक्ष, कक्षा, रक्षाम, का मात्रा भार दो, तीन और चार लगेगा, जो गलत होगा। इस प्रकार त्र व ज्ञ में भी क्ष की भाँति नियम लागू होगा-

ज्ञ से शुरू होने पर मात्रा भार पर कोई फर्क नहीं पड़ेगा,लेकिन बीच में आए तो अपने बाएं अर्थात पहले पढ़ने वाले अक्षर को दीर्घ (गुरु) कर देगा। यथा- ज्ञान-ज्+ञ्+आ+न=2+1=3 मात्रा होंगी।

क्योंकि अर्द्ध अक्षर शब्द के शुरू में हो तो उसकी गणना नहीं होती, इसके विषय में 'अर्द्ध अक्षर समायोजन में मात्रा भार की गणना' में आगे बताएंगे।

यज्ञ=य+ज्+ञ्=2+1=3 मात्रा

विज्ञान=वि+ज्+ञ्+आ+न=2+2+1=5 मात्रा

इसी प्रकार संयुक्ताक्षर श्र और त्र भी पहले आने पर लघु मात्रिक रहता है और मात्रा भार एक (1) रहता है लेकिन बाद में आने पर पहले अक्षर को दीर्घ मात्रिक अर्थात गुरु कर देता है और स्वयं लघु बना रहता है। अगर पहले आने वाला अक्षर दीर्घ मात्रिक पहले से ही हो, तो कोई प्रभाव नहीं पड़ता। यथा-

पत्र =प+त्+र=2+1=3

त्रिदेव=1+2+1=4

क्षत्रिय=2+1+1=4

श्रम=1+1=2

परिश्रम=1+2+1+1=5

आश्रम=2+1+1=4

क्षत्रिय में त्र ने क्ष को दीर्घ मात्रिक कर दिया और मात्रा भार दो (2) हो गया, जबकि क्ष स्वयं शुरू में होता तो मात्र भर एक (1) होता।परिश्रम में श्र ने रि को दीर्घ कर दिया जबकि आश्रम में श्र का कोई प्रभाव नहीं पड़ा क्योंकि पहले का अक्षर आ पहले से ही दीर्घ है।

अर्द्ध अक्षर समायोजन में मात्रा भार पर प्रभाव-

अर्द्ध अक्षर की कोई गिनती नहीं होती है लेकिन शब्दों के प्रयोग के अनुसार इसका प्रभाव अन्य अक्षरों पर पड़ता है अर्द्ध अक्षर शब्दों में प्रयोग होने पर हमेशा अपनी बाये यानी पहले पढ़ने वाले अक्षर को प्रभावित करता है और दाहिने पढ़ने वाले अक्षर पर कोई प्रभाव नहीं डालता। यही कारण है कि यदि इससे पहले कोई अक्षर ना हो यह स्वयं शुरुआत में आया हो तो उसे नगण्य मान कर चलते हैं और उसका मात्रा भार नहीं करते। यथा- प्यार में प् की गिनती नहीं होगी, मात्रा भार प्+या+र =0+2+1=3,क्या=0+2=2,

व्यापार=0+2+2+1=5

कुछ अन्य शब्द भी यहां प्रस्तुत किया जा रहे हैं जिन्हें लेकर अक्सर लोग भ्रमित हो जाते है- भृगु, भ्रम, भर्ती। भृगु शब्द में भ्+ऋ+गु=1+1=2 मात्रा है। कारण यह है कि "अ,इ,उ,ऋ चारों स्वर लघु मात्रक है और व्यंजन से जुड़कर भी मात्रा भार पर फर्क नहीं पड़ता।

भ्रम- भ्+र+म=0+1+1=2 ('भ' अर्द्ध अक्षर है और शुरू में आया है। अत: नगण्य है।

भर्ती- भ+र्+ती=2+2=4 (कारण अर्द्ध अक्षर र बीच में आने से पहले अक्षर भ को दीर्घ करता है)

कर्म=क+र्+म=2+1=3

कार्य=का+र्+य=2+0+1=3

शब्द=श+ब्+द=2+1=3

अच्छा=अ+च्+छा=2+2=4

मिट्टी=मि+ट्+टी=2+2=4

ऊर्जा=ऊ+र्+जा=2+2=4

प्रार्थना=प्+रा+र्+थ+ना=0+2+0+1+2=5

अर्द्ध अक्षर मध्य में आने पर-

पहले (बाँये) अक्षर पर नियमानुसार कोई प्रभाव नहीं डालता और मात्रा भार गिनती में नगण्य हो जाता है। कुछ लोग इसे अपवाद मानते हैं जबकि सच्चाई यह है कि बोलने में इन शब्दों में अर्द्ध अक्षर का भार अपने से पहले यानी बाँये अक्षर पर न पड़कर अपने बाद यानि दाँये अक्षर पर पड़ता है और दाँये अक्षरों पर नियमत: प्रभाव माना नहीं जाता। उदाहरण देखें- तुम्हारा, तुम्हें, कन्हैया, जिन्हें, जिन्होंने, कुम्हार आदि।

तुम्हारा=1+2+2=5

तुम्हें=1+2=3

उन्होंने=1+2+2=5

उन्हें=1+2=3

इन सभी में अर्द्ध अक्षरों का उच्चारण 'ह' के साथ है,अत: पहले अक्षर को प्रभावित नहीं करता है।

अनुनासिक अक्षरों का मात्रा भार-

रंग, भंग, ढंग, संत, महंत,संभव,अचंभा आदि शब्दों को अलग श्रेणी में रखकर मात्रा भार बताया जाता है,जबकि ऐसी आवश्यकता नहीं है। जब हम इन शब्दों को बोलते हैं तो पाते हैं कि इन शब्दों के साथ 'अं' की मात्रा या अर्द्ध अक्षर 'न्' या 'म्' जुड़ा रहता है, तो ऐसे में 'अं'मात्रा कारण है तो दीर्घ मात्रिक स्वर होने के कारण जिस व्यंजन से जुड़ेगा उसे दीर्घ मात्रिक यानि गुरु कर देगा और मात्रा भार दो(2) होगा। यदि अर्द्ध अक्षर 'न्' या 'म्' के कारण है तो अर्द्ध अक्षर के प्रभाव के कारण बाँये या पहले पड़ने वाला अक्षर गुरु हो जायेगा। यथा- (उदाहरण देखें)

रंग, भंग, दंग, ढंग, संत, अंत, कंठ=2+1=3 मात्रा भार होगा। महंत, अनंत, संभव में मात्रा भार 4 तथा अचंभा=1+2+2=5 मात्रा भार होगा। कुछ लोग भंवर, संवर, छांव, दांव, कांव आदि को ऐसे लिखने लगे है, इनके उच्चारण में अर्द्ध अक्षर का स्वर स्पष्ट रूप से नहीं आता। इन्हें इस श्रेणी में न मानकर साधारण तौर पर अनुनासिक शब्दों के आधार पर गणना की जानी चाहिए,जिनकी ध्वनि नासिका (नाक) से निकली प्रतीत होती है। चन्द्र बिंदु वाले शब्द अनुनासिक में आते है। अनुनासिक शब्दों में मात्रा भार पर प्रभाव नहीं पड़ता है- भँवर, सँवर में 1+1+1=3 मात्रा और काँव,छाँव में 2+1=3 मात्रा भार होगा। अनुनासिक शब्द पर चन्द्र बिंदु आनी चाहिए। यथा-चाँद, पाँव, छाँव, सँभलकर, बँधकर आदि।

आठ गणों की पहचान-

काव्य रचना में गणों का ज्ञान होना भी अति आवश्यक है। यहाँ हम गणों की पहचान सरल व सहज रूप से संक्षेप में करा रहे हैं। इसे आप याद कर लें- 'यमाताराजभानसलगा'

इसी एक शब्द में आठ गणों के नाम और उनकी पहचान करने का ढ़ंग छुपा है। चलो ढूंढते हैं-

1-यगण- उपरोक्त यमाताराजभानसलगा में से तीन अक्षर लें तो शब्द होगा यमाता यानी य से यहां पहला गण हुआ। इसकी पहचान पहले लघु दूसरा दीर्घ और तीसरा दीर्घ स्वर होगा। यगण यानी 'यमाता' =1+2+2=5 मात्रा भार होगा। यथा-नहाना, दिखाना, बचाना, जगाना, सजाना, सलोनी, लड़ाकू, लड़ाका, अलौनी आदि यगण शब्द है।

2-मगण- उपरोक्त की भांति पहले अक्षर 'य' छोड़कर तीन अक्षर लें तो शब्द 'मातारा' होगा अर्थात् 'मगण' हुआ। पहचान 'मातारा' में तीनों अक्षर दीर्घ (गुरु) मात्रिक है। मातारा=2+2+2=6 जैसे- शब्द याराना, दीवाना,दीवाली, दीवानी, आदि।

3-तगण- उपरोक्त की भांति दो अक्षर छोड़कर तीन अक्षर लें तो 'ताराज' यानि 'त' से तीसरा गण तगण हुआ।पहचान- ताराज-2+2+1=5 मात्रा। यथा-नादान, सामान, श्रृंगार, चालाक, आकाश आदि।

4- रगण- उपरोक्त की भांति तीन अक्षर छोड़कर लें तो शब्द 'राजभा' अर्थात् रगण होगा।पहचान-राजभा-2+1+2=5 मात्रा अर्थात् गुरु लधु गुरु होगा।यथा-बालिका,राधिका, नाचना, भागना, रूठना, कूदना आदि।

5- जगण- उपरोक्त की भांति चार अक्षर छोड़कर ले तो शब्द जभान बना अर्थात जगण हुआ पहचान- जभान अर्थात् लघु गुरु लघु (1+2+1=4 मात्रा) यथा-जवान,किसान,लगान,महान आदि।

6- भगण- उपरोक्त की भांति पांच अक्षर छोड़कर शब्द 'भानस' बनता है यानि भगण हुआ।पहचान-भानस में गुरु, लघु,लघु (2+1+1=4 मात्रा) होंगी। यथा- नाहक, घातक, पीतल, राहत, मौलिक आदि।

7-नगण- पूर्व की भांति 6 अक्षर छोड़कर 'नसल' शब्द बना यानी नगण हुआ । पहचान- नसल में तीन लघु होंगे अर्थात 1+1+1=3 मात्रा।

यथा- जनक, महक, कमल, चलन, जलज, पलक आदि।

8-सगण- पूर्व की भांति 7 अक्षर छोड़कर तीन अक्षर लेने पर 'सलगा' अर्थात् सगण हुआ।पहचान-लघु लघु गुरु (1+1+2=4 मात्रा) यथा- कमरा, बकरा, झगड़ा, लड़का, लड़की, गलती, झुकना,चलना, गणना, धरना आदि।

अब हम इन आठ गणों की मापनी को ऐसे लिख सकते है और याद रख सकते है- यगण-122, मगण-222, तगण-221, रगण-212, जगण-121, भगण-211, नगण-111, सगण-112

दोहा लेखन में विशेष ध्यान रखना योग्य बातें-

1-दोहा छंद में 13,11 और 13,11 मात्रा की दो पंक्ति और चार चरण होते हैं अर्थात् प्रथम पंक्ति- पहला चरण और दूसरा चरण, द्वितीय पंक्ति- तीसरा चरण और चौथा चरण ।

2-विषम चरण दोहे का पहला और तीसरा चरण कहलाता है। इन दोनों चरणों के अंत में लघु गुरु (12) होने से लय भंग नहीं होती।

3-समचरण दोहे का दूसरा और चौथा चरण कहलाता है, इसका अंत समतुकांत गुरु लघु (21) से होना अनिवार्य होता है।

4-पहले और तीसरी चरण की 11वीं मात्रा लघु रहे और अंत में 12 या **111** ही होना चाहिए।

5-कल तीन प्रकार की होती हैं- द्विकल, त्रिकल और चौकल। द्विकल में दो मात्रा, त्रिकल में तीन मात्रा और चौकल में चार मात्रा वाले शब्द या शब्द खंड होते हैं।

पहले व तीसरे चरण का कल समायोजन-

4+4+3+2=13 मात्रा या 3+3+2+3+2=13 मात्रा

4+4+2+3=13 मात्रा या 3+3+2+2+3=13 मात्रा

दूसरे व चौथे चरण का कल समायोजन-

4+4+3=11 मात्रा या 3+3+2+3=11 मात्रा या 4+3+1+2+1=11 मात्रा

6-चारों चरणों को बार-बार गाकर देखना चाहिए।चारों चरणों की लय भंग न होने पाये।

7- दोहे का आरंभ 121 से नहीं होना चाहिए। जैसे - कबीर, रहीम, आदि यह जगण दोष होता है।

8- दोहा कभी पांच मात्रा वाले 212 (दो एक दो क्रम वाले शब्द) से शुरू नहीं होता है। यथा-साधना,भावना, कामना आदि।

9- दूसरे और चौथे चरण में 6 (छ:) मात्रा वाले शब्द से अंत होने पर लय भंग होती है। यथा- महाकाल आदि।

10- दोहा के चरणों में शब्दों को उचित क्रम या स्थान पर न रखने से अक्रमणत्व दोष लगता है इसे बिना शब्द बदले, शब्दों में हेर फेर करके अर्थात् आगे पीछे करके ठीक किया जा सकता है।

11- दोहा रचना में अनगढ़, कठिन, देशज, कर्णकटु और अंग्रेजी, उर्दू और अव्यवहारिक शब्दों का प्रयोग नहीं करना चाहिए। न, नहीं को ना नहिं, और को औ तथा, एवं,को,कै, मोर,तोर और होय के प्रयोग से सर्वथा बचना चाहिए।

सरल शब्द दोहा रचें,रख विधान का ध्यान ।
उत्तम दोहों को पढ़े, लिखना हो आसान ।।

दोहा की पहचान है, उसका छोटा रूप ।
गागर में सागर भरे, निकले अर्थ अनूप ।।

दोहा आनंदित करें, दिल पर करे प्रभाव ।
हरि चिंतन मरहम लगा, भरे हृदय के घाव ।।

दोहावली

मंगलाचरण

हे! माँ वीणा वादिनी, झंकृत कर मन तार ।
भाव भरे मम लेखनी, रचना हो साकार ।।1।।

मात शारदे को नमन, करता बारंबार ।
छंद ताल स्वर लय सहित, ज्ञान मिले उपहार ।।2।।

दया करो माँ शारदे, भरो स्वरों का ज्ञान ।
नवरस मय हो लेखनी, हरो सकल व्यवधान ।।3।।

ब्रह्म-सुता पद्मासना, वीणा पुस्तक हाथ ।
विद्या 'अमर' प्रदायिनी, सदा नवाऊँ माथ ।।4।।

भाव भरे रस में पगे, शब्द करें शृंगार ।
मातु शारदे को करूँ, अर्पण मन का हार ।।5।।

श्रद्धा अक्षर फूल सम, कर लेना स्वीकार ।
तिमिर हरो अज्ञान का, कर देना उध्दार ।।6।।

वाणी में भर चेतना, रचना करूँ अनेक ।
माता वीणा वादिनी, वर दें बुद्धि विवेक ।।7।।

नमन करूँ माँ शारदे, रख दो सिर पर हाथ ।
प्रभु लीला वर्णन करूँ, भक्ति योग के साथ ।।8।।

जय राधा के सांवरे, गोपी जन चितचोर ।
देव शिरोमणि कृष्ण तुम, नटवर नवलकिशोर ।।9।।

हे राधे! मुझ पर करो, तनिक कृपा की कोर।
कब से दास पुकारता, देखो मेरी ओर।।10।।

श्री राधे करुणामयी, दया कृपा की खान।
क्षमा दान देना सदा, अपना बालक जान।।11।।

संकट हरती मात सब, साधक जपता नाम।
वरद हस्त सिर पर रखे, मात सँभाले काम।।12।।

महिमा ब्रज-रज की 'अमर', युगल दरस की चाह।
पापी मन मुझ सा नहीं, अवगुण भरे अथाह।।13।।

ब्रजरज को शतशत नमन, वृंदावन प्रभु धाम।
निधिवन सेवा कुंज को, अनंत कोटि प्रणाम।।14।।

स्वास स्वास हरि वंदना, मन से प्रभु का जाप।
जीवन गुरु उन्नत करो, हरि हर लेना पाप।।15।।

नमन कुंज शोभा अतुल, राधा ब्रज सिरमौर।
जोड़ी युगल अनूप है, सुंदर श्यामल गौर।।16।।

भक्ति रंग तेरा चढ़े, 'अमर' दास पर आज।
कृपा मिली है आपकी, रखना मेरी लाज।।17।।

मान हुकम तेरा लली, कृष्ण चरण अनुराग।
कदम-कदम बाधक बने, जगत प्रीत का रोग।।18।।

तेरी कृपा प्रसाद बिन, मिले नहीं आनंद।
जय तेरी वृषभानुजा, जय जय गोकुलचंद।।19।।

राधे! तेरे नाम का, अति गहरा है रंग।
पाँव पलोटत सांवरे, देखे दुनिया दंग ।।20।।

रूप अनोखा कृष्ण का, नित नित लगे नवीन।
नमन करूँ नव रूप को, उपमा सब प्राचीन ।।21।।

जय गणेश दें बुद्धिबल, लक्ष्मी धन यश मान।
वाणी सत कर शारदा, गुरु दें प्रभु का ध्यान ।।22।।

कंठ हलाहल धारते, गले मुण्ड की माल।
नीलकंठ शिव को नमन, अर्द्ध चंद्रमा भाल ।।23।।

शशि धारें निज शीश पर, शंकर भोलेनाथ।
भजन करें कैलाश पर, सदा नबाऊ माथ ।।24।।

पावन गंगा को नमन, धोती सबके पाप।
पूजन अर्चन वंदना, दूर करें संताप ।।25।।

कलुष निगोड़ी वासना, बचै न कौने कोर।
निर्मल कर मेरा हृदय, मैं अपराधी घोर ।।26।।

गुरु

तम रूपी अज्ञान में, भरते ज्ञान प्रकाश।
लगा शिष्य को भक्ति में, करते गुरु दुख नाश ।।1।।

गुरु तो ऐसा चाहिए, मिलवा दे भगवान।
जिज्ञासा यदि शिष्य की, पल में करे निदान ।।2।।

भाग्यवान है वह मनुज, जो है प्रभु का दास।
जिस पर हो गुरु की कृपा, वह नर होता खास ।।3।।

जीते जी सेवा करें, मात-पिता की आप।
गुरु आज्ञा पालन करें, भष्म सभी हों पाप ।।4।।

वानप्रस्थ गृह त्याग कर, भजले प्रभु को वृद्ध।
गुरु के शुचि सत्संग से, कामी मन हो शुद्ध ।।5।।

गुरु की पूजा अर्चना, गुरु चरणों का ध्यान।
जाप करो गुरु मंत्र का, सहज मनुज कल्यान ।।6।।

शरण ग्रहण गुरु की करें, राहें हों आसान।
परम शांति मिलती रहे, रहे सदा प्रभु ध्यान ।।7।।

श्री राम जानकी

देखो क्या लावण्य है, सियाराम के पास।
जाने क्यों कर दे दिया, दोनों को वनवास ।।1।।

समझ बदलनी चाहिए, समझो जन की पीर।
बस मानव माध्यम बने, करते सब रघुवीर ।।2।।

राम लखन सीता सहित, पहुँचे सरयू तीर।
केवट पाँव पखारता, पार करें रघुवीर ।।3।।

कलयुग में है आज भी, राम भक्त हनुमान।
राम-राम जप याद कर, धीर वीर बलवान ।।4।।

सब कुछ देते राम जी, जग में कर्म प्रधान।
ज्यादा इससे चाहता, मानव वह नादान ।।5।।

कहीं आज दिखता नहीं, कोई तुलसीदास।
रामायण कैसे लिखे, नहीं राम आभास ।।6।।

सूरदास

भक्ति काव्य गदगद करे, कृष्ण-भक्ति में बोर।
सूरदास के सरस पद, करते भाव विभोर ।।1।।

सूरदास के काव्य में, झलके पद लालित्य।
भक्ति भाव की साधना, अनुपम है साहित्य ।।2।।

सरस सूर के पद पढ़ो, लीला भक्ति विलास।
कानों में रस घोलते, उनके पद है खास ।।3।।

सूर श्याम के निकट है, साधन है भरपूर।
कृष्ण रूप गुणगान को, प्रगटे जग में सूर ।।4।।

ध्यान करें रस रसिक बन, गान तमूरा सार।
लीला नव चितचोर की, छलिया नंदकुमार ।।5।।

दर्शन करते कृष्ण के, देखें नित शृंगार।
करी परीक्षा सूर की, फैंके वस्त्र उतार ।।6।।

पद गाया सुंदर तभी, मन में मूर्ति निहार।
नंगम नंगा कृष्ण है, आज नहीं शृंगार ।।7।।

हृदय नयन दर्शन करें, सूर बन गये भक्त।
गुण गाते गोपाल के, भक्ति भाव आसक्त ।।8।।

चंद्र सरोवर सूर की, बनी समाधी एक।
दर्शन करते जन सभी, लीला भाव अनेक ।।9।।

आध्यात्मिक दोहे

कृष्ण-भक्ति की भावना, जिस घर करे प्रवेश ।
हर पल रहते हैं वहाँ, ब्रह्मा, विष्णु, महेश ।।1।।

भक्ति करे निर्मल सदा, नहीं घटे ईमान ।
संत संग करके सदा, बने नेक इंसान ।।2।।

नदिया सागर जल भरे, ताल बावड़ी कूप ।
भक्ति भाव आकर मिले, ले चरणामृत रूप ।।3।।

मीठा, फीका, चरपरा, जैसा भी हो स्वाद ।
भक्ति भाव के मेल से, बनता सरस प्रसाद ।।4।।

भूख मनुज को जब लगे, दुर्बलता अहसास ।
भूख, भक्ति के संग से, बन जाती उपवास ।।5।।

यात्री करता है सफर, बाधा बहुत मुकाम ।
भक्ति भाव के मेल से, यात्रा तीरथ धाम ।।6।।

गीत 'अमर' संगीत वह, भक्ति भाव मकरंद ।
स्वर संगम बनकर मिले, हरि कीर्तन आनंद ।।7।।

क्रिया योग जब भक्ति से, बदले 'अमर' स्वरूप ।
स्वार्थ पूर्ति रहती नहीं, लेती सेवा रूप ।।8।।

राधा मुख मासूमियत, खंजन सम है नैन ।
गौर नील परिधान द्युति, निरख कृष्ण बेचैन ।।9।।

भाव भक्ति की लहर में, तत्व निहित है प्रेम ।
प्रेम भाव में संत सब, डूब करें नित नेम ।।10।।

राधा मुख से बोलिए, मत करना अभिमान ।
नाम सत्य मिथ्या जगत, क्षण भंगुर इंसान ।।11।।

वृंदा - वने निवासिनी, सखी संग ब्रजनार ।
'अमर' मात तेरी शरण, कर दो माँ उध्दार ।।12।।

निर्मल मन श्री राधिका, घट घट वासी आप ।
भूला मैं जग में फँसा, दूर करो संताप ।।13।।

काम-वासना जगत की, मिले नरक का द्वार ।
राधे माँ कर दें कृपा, भव सागर हो पार ।।14।।

भवसागर में डूब मत, रटहु कृष्ण का नाम ।
मिले खाक में एक दिन, जीवन यह अभिराम ।।15।।

चंचल मन माने नहीं, सहता दु:ख अपार ।
मानव तन है भजन को, झूठा यह संसार ।।16।।

शोभित कुंज निकुंज में, राधा नंद किशोर ।
हरि चकोर सम निरखते, राधा शशि की ओर ।।17।।

निर्मल मन को देखते, भजन करो निष्काम ।
काँटों से फिर खींच कर, पहुँचाते निज धाम ।।18।।

बाणप्रस्थ वय हो गई, मोह करे आवध्द ।
काम क्रोध जाता नहीं, कलुषित मन में युध्द ।।19।।

'अमर' भला क्या? दे प्रभो, सब तेरा संसार ।
खुद को अर्पण कर रहा, कृष्ण करो स्वीकार ।।20।।

लोग प्रशंसा यदि करें, करना मत अभिमान ।
सब कुछ है प्रभु का किया, उनका कर गुणगान ।।21।।

कृष्ण सुधा का पान कर, मुरलीधर का ध्यान ।
सुर, नर, मुनि सुध भूलते, गोपी करती गान ।।22।।

सरल सरस सुचिता भरा, ब्रज गोपी का प्यार ।
यमुना तट दर्शन करे, भक्ति भाव संचार ।।23।।

पुत्र, बहू, दारा, सुता, जी के हैं जंजाल ।
त्याग कृष्ण का नाम जप, व्यर्थ न भ्रम को पाल ।।24।।

भूले अपना दर्द नर, देख मधुर मुस्कान ।
अनुपम छवि गोपाल की, नित्य निरख नादान ।।25।।

मन पवित्र होगा अगर, आते शुद्ध विचार ।
कृष्ण शरण हरि की कथा, निश्चित हो उद्धार ।।26।।

कलयुग के इस दौर में, भागे मन शैतान ।
काम क्रोध मन वासना, बनता तीर कमान ।।27।।

श्यामा रस के सिंधु में, कमल सुमन है श्याम ।
राधा के उर में बसें, प्रीत बने अभिराम ।।28।।

सच्चा धन प्रभु का भजन, रखते संत फकीर ।
बिना मोल के बाँटते, रहते सदा अमीर ।।29।।

कृष्ण रूप नयनों बसा, छूट गये जग द्वंद।
रास रसिक देखे बिना, हृदय नहीं आनंद ।।30।।

सबका हित जो चाहते, देते सबको मान।
सेवा भावी संत हैं, सत्य सनातन जान ।।31।।

श्याम गौर जोड़ी सरस, कालिंदी का कूल।
संत नयन शीतल करे, हरती पाप समूल ।।32।।

श्याम रंग जिस पर चढ़ा, चढ़े न दूजा रंग।
आनंदित ह्वे नाचता, रस रसिकन के संग ।।33।।

अटल इरादा भक्त का, चला भक्ति की राह।
सत्य मान गुरु के वचन, नहीं जगत की चाह ।।34।।

संध्या ब्रज शोभा निरख, होता मन में हर्ष।
कृष्ण, धेनु आते सखा, गोपी मन उत्कर्ष ।।35।।

कुंजों में मधुमास है, गोपी मन उल्लास।
खिली चाँदनी में करें, कृष्ण संग में रास ।।36।।

कर्म वही अच्छा मनुज, मिले कृष्ण का धाम।
नाम काम करता सभी, कौड़ी लगे न दाम ।।37।।

महके तुलसी मंजरी, वंशी स्वर अति मंद।
गोपी मिल मधुमास में, गातीं मादक छंद ।।38।।

राधा माधव एक हैं, दरस करो भर नैन।
लीला को दो तन धरे, रास करें मिल रैन ।।39।।

भक्ति सुदृढ़ होती तभी, गुरु पर हो विश्वास ।
दृढ़ निश्चय सेवा भजन, कृष्ण मिलन की आस ।।40।।

रसिक बिहारी लाल जी, विपिन रास रस सार ।
संत हृदय आनंद में, देख युगल सरकार ।।41।।

प्रेम प्रीत श्री कृष्ण की, देखें यमुना तीर ।
रसिक संत होते रहें, आठों याम अधीर ।।42।।

लाला के कर बांसुरी, अधर मधुर मुस्कान ।
सम्मोहित ब्रज गोपियाँ, सुनकर मीठी तान ।।43।।

रूप छटा मन में बसी, भौंह-नृतन है खास ।
संग नाचतीं गोपियाँ, ब्रज में रास विलास ।।44।।

भक्ति भाव रस माधुरी, भक्त-कृपा है सार ।
कृपा सिंधु प्रभु रस रसिक, प्रीतम प्राणाधार ।।45।।

भक्त बंधु ब्रज के सखा, गोपी के सुख धाम ।
नंद-यशोदा लाड़ले, राधा के प्रिय श्याम ।।46।।

रसिकन के उर में बसी, मोहक मुरली तान ।
पाहन तरु का रूप धर, संत सुनें धर ध्यान ।।47।।

रूप राशि रस राधिका, शोभित कान्हा संग ।
निरखें शोभा गोपियाँ, लगते श्याम अनंग ।।48।।

यमुना कूल कदम्ब तरु, शीतल मंद समीर ।
लाल लाडली संग में, मिटी विरह की पीर ।।49।।

प्रातः प्रभु आराधना, संध्या प्रभु सत्संग।
ऐसा भक्तों ने किया, रँगे कृष्ण के रंग।।50।।

मन ही मन करता रहा, कृष्ण नाम का जाप।
कृष्ण कृपा बढ़ती रही, दूर हो गए पाप।।51।।

परम-ब्रह्म परमात्मा, तेरे रूप हजार।
उँगुली थामे ले चलो, भवसागर के पार।।52।।

भक्ति नियम साधन करो, निर्मल मन अभ्यास।
चित्त नियंत्रण में रहे, संगत तब सन्यास।।53।।

चलो सखी कर लें जरा, मनमोहन की बात।
पता नहीं कब तक रहे, सांसों की सौगात।।54।।

पुन: जन्म देना मुझे, भक्त उदर पहचान।
बालकपन से भक्ति हो, करें कृपा भगवान।।55।।

पंचभूत का शव बने, आत्मा तत्व महान।
शव जाता शमशान में, आत्म तत्व भगवान।।56।।

खाता खोलें नाम का, करें नाम का जाप।
कभी व्यर्थ जाता नहीं, करके देखें आप।।57।।

कृष्ण कृपा मिलती सहज, जपिए राधा नाम।
युगल चरण सेवा मिले, पाओ प्रभु का धाम।।58।।

वृंदावन में रसमई, लीला करते श्याम।
मनभावन है साधना, झाँकी आठों याम।।59।।

लीला बरसाने करी, बनकर गोपी श्याम ।
बेचें चूड़ी हर गली, श्याम सखी धर नाम ।।60।।

राधा जी मन भा गईं, कान्हा मन बेचैन ।
गाय चराते दिन गया, काटे कटे न रैन ।।61।।

राधे तेरे रूप का, क्या कर सकूँ बखान ।
मृगनयनी मनमोहिनी, तुम हो रस की खान ।।62।।

पूर्ण कृपा श्री कृष्ण की, अनुभव करते संत ।
जन-जन में दर्शन करें, सदा सेव्य भगवंत ।।63।।

वंशी में गाते रहें, मधुर प्रीत का राग ।
राधा को होने लगा, कान्हा से अनुराग ।।64।।

निर्मल निश्छल मन बसें, सदा कृष्ण भगवान ।
कपट कुटलता से नहीं, मिलना है आसान ।।65।।

मन में है यह कामना, मिले कृष्ण दीदार ।
चरणों की सेवा मिले, तब छूटे संसार ।।66।।

प्रभु मैं नित्य पुकारता, भजन करूँ दिन रात ।
मुझको क्यों देते नहीं, दर्शन की सौगात ।।67।।

शुभ चिंतक श्री कृष्ण है, भक्त बनो निःस्वार्थ ।
बनकर रथ के सारथी, विजय दिलाई पार्थ ।।68।।

भक्ति भाव से है भरा, राधे का दरबार ।
जगत प्रेम से भिन्न है, राधा जी का प्यार ।।69।।

आर्त-नाद सुन भक्त का, प्रभु लेते अवतार।
रक्षा करते भक्ति की, करें दुष्ट संहार ।।70।।

करते जो प्रभु को नमन, रो कर विविध प्रकार।
सच्ची यह आराधना, गुणी कहें यह प्यार ।।71।।

कृष्ण नाम रस पीजिए, झूठा यह संसार।
बार एक जो पी लिया, मानव तन उद्धार ।।72।।

कृष्ण-भक्ति सीधी नहीं, इसकी टेढ़ी राह।
बढ़ें सँभल इस राह पर, जब हो संत निगाह ।।73।।

धन्य हुआ जीवन सफल, आए संत निवास।
चरण धूल सिर पर धरूँ, है पुरुषोत्तम मास ।।74।।

कृष्ण बिना यह जिंदगी, कुछ बीती कुछ शेष।
चलो भक्ति के मार्ग पर, त्यागो ईर्ष्या द्वेष ।।75।।

लिया सहारा भजन का, काम क्रोध से दूर।
कब तक जग में भटकता, होकर के मजबूर ।।76।।

भक्ति भाव को देखकर, कृपा करें भगवान।
साधु संग मत छोड़िए, संगत संत महान ।।77।।

राधा जी के साथ में, करते कृष्ण विहार।
आत्मा का प्रभु से मिलन, निकुंज लीला सार ।।78।।

कृष्ण चरण में प्रीत हो, मुख मे हो प्रभु नाम।
आप खड़े हों सामने, मिले आपका धाम ।।79।।

मन की तुम मानो नहीं, कस कर रखो लगाम ।
करते हैं सद्गुरु कृपा, देते है हरि नाम ।।80।।

मन मंदिर में कृष्ण हों, मुख में राधा नाम ।
भक्ति भाव दिल में लिए, करूँ जगत के काम ।।81।।

प्रेम भक्ति तुम सीख लो, मिल जाते भगवान ।
गोपी जैसा प्रेम हो, 'अमर' भक्त नादान ।।82।।

माला लेकर फेरता, गया न मन का फेर ।
माया में जीवन गया, बहुत हो गई देर ।।83।।

अच्छी संगत संत की, देखें कभी न दोष ।
धूर्तों के उपहास से, करते संत न रोष ।।84।।

अर्थी मेरी जब चले, संत करें हरि नाम ।
और संत भोजन करें, रोने का क्या काम ।।85।।

तूने मन की मानकर, खूब करे अपराध ।
नाता मन से तोड़कर, कृष्ण नाम को साध ।।86।।

समझा यौवन में नहीं, क्या होते भगवान ।
अंत समय कैसे करे, कामी मन प्रभु ध्यान ।।87।।

बाल कृष्ण से राधिका, करती बेहद प्यार ।
रोज सुबह आती निरख, नंद भवन के द्वार ।।88।।

सत्य शील शुभ आचरण, करते संत सुजान ।
भक्ति भाव डूबे रहें, रसिक संत पहचान ।।89।।

कट जाते हैं कर्म फल, जपने से हरि नाम ।
कृष्ण कथा बैष्णव कृपा, परिक्रमा प्रभु धाम ॥90॥

कान्हा की किलकारियाँ, नंद भवन के द्वार ।
नन्द यशोदा पर हुई, प्रभु की कृपा अपार ॥91॥

आता चातुर्मास जब, भक्त करें उत्कर्ष ।
संयम नियम भजन कथा, सुनकर होता हर्ष ॥92॥

बजा बांसुरी भर रहे, राधा मन उल्लास ।
जल भरने राधा चली, संग सखी है खास ॥93॥

'अमर' कामना है यही, वृंदावन हो वास ।
आनंदित मुझको करें, लीला नित्य विलास ॥94॥

राधा जी के नाम को, बंसी रही पुकार ।
रूठी राधा जान कर, मना रहे सरकार ॥95॥

यशुमति तेरे कृष्ण को, करती गोपी तंग ।
कहती है चोरी करी, चढ़ा प्रेम का रंग ॥96॥

आशुतोष का मैं करूँ, पंचामृत अभिषेक ।
गोपेश्वर वर दीजिए, कृष्ण-भक्ति का एक ॥97॥

यमुना चरण पखारती, शीश मुकुट गिरिराज ।
ब्रज वृंदावन धाम को, छोड़ें कब ब्रजराज ॥98॥

ग्रंथ भागवत में अमिय, करें भक्त रसपान ।
'अमर' भक्त भगवान की, महिमा करे बखान ॥99॥

जिह्वा कैसी बावरी, झट चख लेती स्वाद ।
कृष्ण नाम लेती नहीं, समझे मन आह्लाद ।।100।।

श्रेष्ठ समझ बैकुंठ से, श्री वृंदावन धाम ।
कृष्ण करें लीला यहाँ, संत जपे हरि नाम ।।101।।

मन ही मन में कर रहे, भक्त कृष्ण को याद ।
करें काम संसार के, नहीं समय बर्बाद ।।102।।

राधे तेरी कुंज में, चलता तेरा राज ।
सखियाँ मिल सेवा करें, कृष्ण मिलन हो आज ।।103।।

माँगा था तुमसे रहम, अलबेली सरकार ।
दासी को ले शरण में, करो अग्य उद्धार ।।104।।

दिल से जब मैंने लिया, राधे तेरा नाम ।
बैठे-बैठे बढ़ रहा, यश मेरा अविराम ।।105।।

वृंदावन गोलोक है, दिखे नहीं मन रोग ।
शरणागत होते नहीं, अच्छे लगते भोग ।।106।।

कृष्ण कृपा मिलती रहे, करें कृष्ण से योग ।
परोपकार न भूलना, मानव मन कर भोग ।।107।।

अतुल रूप लावण्य की, राधा जी हैं खान ।
भक्ति भाव रस हृदय में, लीला कृष्ण महान ।।108।।

मोर मुकुट धारण करें, गल बैजन्ती माल ।
गोपी मन बस में किया, मुरली बजा रसाल ।।109।।

जर्जर काया हो गई, नयना भरी थकान।
कृष्ण मिलन की आरजू, करो कृपा भगवान ।।110।।

ज्ञान कर्म सह भक्ति में, समझो कर्म प्रधान।
भक्ति योग सबसे बड़ा, गीता का यह ज्ञान ।।111।।

संचय माना था जिसे, निकला वह सब धूल।
नाम नहीं संचित किया, 'अमर' हो गई भूल ।।112।।

कृष्ण भजन की साधना, जीवन का संगीत।
साधु संग हरि की कथा, प्रभु से बढ़ती प्रीत ।।113।।

दया करें निज भक्त पर, सुनकर करुण पुकार।
मैं पापी सबसे बड़ा, राधा तेरे द्वार ।।114।।

गोरस चोरी अब करें, ग्वाला नंदकिशोर।
नाम पड़ा ब्रजधाम में, नटवर माखन चोर ।।115।।

जीवन का नाटक कठिन, निर्देशक भगवान।
कृष्ण कृपा अभिनय सफल, नाटक बने महान ।।116।।

महल बहुत रमणीक है, श्री राधे का धाम।
बरसाने जाना अगर, लें राधा का नाम ।।117।।

भजन नमन करते रहें, जीवन के दिन चार।
यही जाएगा साथ में, नश्वर यह संसार ।।118।।

महके चंदन भक्ति का, संत करें उपकार।
उनके चरणों में मिले, भजन भक्ति उद्धार ।।119।।

बालकृष्ण से कर रही, भोली राधा बात ।
छुपकर यशुमति देखती, सुख पाती है मात ।।120।।

देख विराट स्वरूप को, अर्जुन था हैरान ।
समझा मैं अब तक नहीं, आप स्वयं भगवान ।।121।।

धेनु चराते कृष्ण वन, ग्वाल बाल है संग ।
सुनती मुरलीधुन सखी, दिल में उठे उमंग ।।122।।

चंचल चितवन कृष्ण की, गोपी है बलिहार ।
गौर वदन मृगलोचनी, करती राधा प्यार ।।123।।

भजन सरोवर में खेले, कृष्ण प्रेम के फूल ।
महक भक्ति संसार की, मनुज गया क्यों भूल ।।124।।

मिला खजाना नाम का, बाँट रहा दिन-रात ।
कलयुग में कुछ खास है, कृष्ण नाम सौगात ।।125।।

कितना प्यारा है 'अमर', बाल कृष्ण शृंगार ।
मनमोहन मन में बसा, फीका सब संसार ।।126।।

राधा माधव कर रहे, मधुर हास परिहास ।
पावन राधा प्रीत का, मधुर मधुर उल्लास ।।127।।

पिये नहीं दो बूँद भी, भक्त नशे में चूर ।
करती है राधा कृपा, नहीं कृष्ण फिर दूर ।।128।।

कृष्ण बसे मन स्वास में, हिय में उठी उमंग ।
छोड़ चला संसार को, जैसे कटी पतंग ।।129।।

मुरलीधर की मुरलिया, जपती राधा नाम।
नयन मूँद देखें सदा, राधा रूप ललाम।।130।।

भौतिक सुख की चाह में, खोता मनुज विवेक।
पाप कर्म बंधन बनें, पाता जन्म अनेक।।131।।

धर्म युक्त तू कर्म कर, प्रभु सेवा निष्काम।
अर्पण कर फल कृष्ण को,'अमर' जपो हरि नाम।।132।।

कान्हा की मुरली बजी, यमुना जी के तीर।
मुग्ध हुई सब गोपियाँ, भरें न जमुना नीर।।133।।

पीत वसन सोहत ललित, वंशीवट की छाँव।
वेणु बजा मोहित किया, सारा गोकुल गाँव।।134।।

पंच तत्व से तन बना, आत्म तत्व पहचान।
भजन ध्यान कर ले 'अमर', छूटे सकल जहान।।135।।

गौर कलेवर नील पट, तन शोभित अभिराम।
पायल की झंकार से, घायल मन घनश्याम।।136।।

द्योतक है प्रभु सत्य के, जान सत्य का मर्म।
सत्य रूप है कृष्ण का, सत्य सनातन धर्म।।137।।

धन्य-धन्य बृषभानुजा, अद्भुत लीला रास।
मधुर मिलन श्री कृष्ण से, मधुर हास परिहास।।138।।

जन्म-जन्म ब्रज में बनूँ, राधावल्लभ भक्त।
दिव्य भक्ति में रत रहूँ, पहर आठ आसक्त।।139।।

लालन पालन कर रहे, जग के पालन हार।
मानव योनी में जनम, प्रभु का है उपहार ।।140।।

कृष्ण बने ग्वाला यहाँ, बंसी वाला नाम।
सारा ब्रज बस में किया, गाय चराना काम ।।141।।

देखे यमुना तट सखी, मुरलीधर नट श्याम।
अद्भुत मोहक रूप छवि, आकर्षक अभिराम ।।142।।

बसने नयनों में लगा, कान्हा तेरा रूप।
वंशी वादन भंगिमा, लगती मुझे अनूप ।।143।।

तोड़ीं सारी बंदिशें, करी कृष्ण से प्रीत।
त्याग दिया परिवार भी, तोड़ी कुल की रीत ।।144।।

लोग मांगते कृष्ण से, दौलत घर संसार।
मैं तो मांगू कृष्ण से, केवल उनका प्यार ।।145।।

'अमर' कठिन है जिंदगी, और भक्ति की राह।
जन्म जन्म के भजन से, पूरी होती चाह ।।146।।

तन मन धन को काम में,लगा दिया क्यों यार।
जीव कृष्ण का दास है, मिथ्या यह संसार ।।147।।

ब्रजबल्लभ की वेणु से, निकले राधा नाम।
राधा भी प्रभु याद में, डूबी आठों याम ।।148।।

यमुना तट आनंद ब्रज, क्रीड़ा श्यामा श्याम।
गोपी घट जल भर रहीं, अजब गजब अभिराम ।।149।।

लज्जा नैनन में लिए, उर में कृष्ण सनेह ।
रास करें गोपी बनीं, वेद ऋचा धर देह ॥150॥

मोर मुकुट लव बांसुरी, उर बैजन्ती माल ।
पीत वसन शोभा अधिक, श्यामल रूप कमाल ॥151॥

भाव उदित हों हृदय में, नैना बरसे नेह ।
दर्शन करके कृष्ण के, आनंदित मन देह ॥152॥

तिलक भाल मुख कृष्ण जप, गल तुलसी की माल ।
उर में राधा कृष्ण छवि, छोड़ जगत जंजाल ॥153॥

सखी भाव में डूबते, मंद-मंद मुस्कान ।
'अमर' भक्त रागानुगा, श्री चरणामृत जान ॥154॥

अद्भुत लीला कृष्ण की, करते यमुना तीर ।
रसिक संत दर्शन करें, बनकर सखी अधीर ॥155॥

जूही चंपा कुमुदिनी, कलियां विविध प्रकार ।
लगे कली सी राधिका, भौंरा नंद कुमार ॥156॥

युगल विराजे हृदय में, जिह्वा पर हरि नाम ।
नेत्र बंद कर देखते, लीला श्यामा श्याम ॥157॥

आत्म-तत्व चेतन सदा, जीव कृष्ण का दास ।
माया का है आवरण, हृदय कृष्ण का वास ॥158॥

वेणु बजाते कुंज में, युगल रूप अभिराम ।
है राधा करुणामई, कृपा करें घनश्याम ॥159॥

भजन जाप हरि की कथा, देते सुख आनंद ।
संत संग होता रहे, मिलता परमानंद ।।160।।

फँसना माया में नहीं, मन पर कसो लगाम ।
निर्मल मन से कृष्ण जप, हृदय बने प्रभुधाम ।।161।।

संत हिमालय से अटल, धरती सम है धीर ।
सागर सम गहरा हृदय, मन गंगा का नीर ।।162।।

पुष्प खिला सौरभ लिए, पवन बिखेरे गंध ।
सुरभित करता कुंज को, युगल प्रेम अनुबंध ।।163।।

फागुन में गोपी चलीं, श्रीराधे के संग ।
रंग खेल घनश्याम से, उर में विविध उमंग ।।164।।

प्यासा दर्शन का 'अमर', कृपा करो भगवान ।
एक झलक तेरी करे, शीतल तन मन प्रान ।।165।।

मन के भीतर हैं छुपे, काम क्रोध बलवान ।
मोहभाव इस जगत में, कैसे प्रभु का ध्यान ।।166।।

कृष्ण जपें श्री राधिका, राधा जपती श्याम ।
मन मेरे तू कृष्ण भज, अनुदित आठों याम ।।167।।

मधुर कृष्ण की बांसुरी, झंकृत मन के तार ।
पुलकित राधा तन हुआ, प्रेम हुआ साकार ।।168।।

यमुना तट पर कृष्ण का, होता रास विलास ।
गोपी कृष्ण निहारतीं, मन में भरे हुलास ।।169।।

माया सबको व्यापती, देव जगत इंसान ।
हारे सुर मुनि ऋषि सभी,खूब रची भगवान ।।170।।

नंद भवन में झूलते, जग के पालनहार ।
दर्शन करने कृष्ण के, भोले आए द्वार ।।171।।

सेवा करते कृष्ण की, निर्मल मन विश्वास ।
बदले कुछ चाहे नहीं, एक दरस की आस ।।172।।

भक्त हुआ अब तो 'अमर',देख कृष्ण का नूर ।
पल पल करता नाम जप,तज अपनो को दूर ।।173।।

वृंदावन ब्रज का हृदय, राधा जी का नेह ।
युगल मिलन से हृदय में, बढ़ता अतुल सनेह ।।174।।

नचा रही माया जगत , उसे नचाते श्याम ।
नचा श्याम श्यामा रही, नजरों से अविराम ।।175।।

भक्ति हरे संताप को, करे जगत से दूर ।
मन में दृढ संल्कप हो, मिलते श्याम जरूर ।।176।।

ब्रज गोपी के मन बसे, कान्हा बन मनमीत ।
नयन रूप रस माधुरी, कर्ण वेणु संगीत ।।177।।

नटवर नवल किशोर का, बंसी का मृदुगान ।
मधुर मधुर रस घोलती, कर्ण करें रसपान ।।178।।

'अमर' दास है आपका, दुख देता जग घोर ।
नाथ शरण में लीजिये, अंधियारा चहुओर ।।179।।

श्यामा के सौंदर्य का, संत करें गुणगान ।
बनकर देखें वह सखी, लगा भाव में ध्यान ।।180।।

बंसी धुन सुन नाचते, ब्रह्मा विष्णु महेश ।
नाचें वेदों की ऋचा, धर गोपी का भेष ।।181।।

ममता राधा मात की, हर लेती जग पीर ।
याद करें रो कर भगत, व्याकुल नयनों नीर ।।182।।

कठिन पालना भक्ति का, काम क्रोध तूफान ।
कलयुग में बस नाम जप, गुरुवर देते ज्ञान ।।183।।

बाल कृष्ण घुटुमन चलें, रुकते बारंबार ।
मणिमय आँगन नंद का, देखें निज मुख चार ।।184।।

प्रकृति रूप है राधिका, प्रकृति पुरुष है श्याम ।
उनसे सारा जगत है, भज लो आठों याम ।।185।।

छम छम पैंजनिया बजे, नाचे नंदकुमार ।
मातु निरखती लाल को, हर्षित सब ब्रजनार ।।186।।

जग के तीरथ सब करे, मैला मन यदि यार ।
पाप करे फिर लौटकर, मिले न हरि का द्वार ।।187।।

निर्मल निश्चल मन बसें, सदा कृष्ण भगवान ।
कपट कुटिलता से नहीं, मिलना है आसान ।।188।।

श्रेष्ठ आचरण संत का, उसकी है पहचान ।
प्रेम दया सत्संग को, करता जग सम्मान ।।189।।

बरसा वृंदा-विपिन में, अद्भुत रस का रंग ।
देखे श्यामा श्याम जी, अष्ट सखिन के संग ।।190।।

पूजा जप आराधना, करो साधना जाप ।
मात सिद्ध देती 'अमर', हरती जग संताप ।।191।।

भक्ति भाव डूबे रहें, होते संत विदेह ।
सखी भाव सेवा करें, करते युगल स्नेह ।।192।।

सृष्टि प्रलय होती जगत, करते भृकुटि विलाश ।
चोरी माखन की करें, बाँधे प्रेम के पाश ।।193।।

देख देख ब्रह्मा चकित, खिला रहे थे ग्वाल ।
खाते झूठा ब्रह्म भी, प्रेमा भक्ति कमाल ।।194।।

मनमोहन छवि कृष्ण की, राधा रूप अनूप ।
श्याम लगें अतिशय सुखद, राधा खिलती धूप ।।195।।

राधा के दरबार की, बड़ी अनोखी शान ।
मानव करें उपासना, देती वह वरदान ।।196।।

ईश्वर ने मानव बना, किया बहुत उपकार ।
कृष्ण मिलन की लालसा, पूर्ण करूँ इस बार ।।197।।

परम भक्त राधा सखी, मगर समझता कौन ।
प्रेम करे श्री कृष्ण से, भक्ति करे धर मौन ।।198।।

दिवा निशा संध्या पहर, करे भक्त अरदास ।
अभ्यंतर में जीव के, रहता प्रभु का वास ।।199।।

वेणी राधा की करें, कुंद कली चुन लाल।
लीला देखें रसिकजन, राधा भई निहाल।।200।।

अति पावन वृंदा विपिन, मनभावन रस कुंज।
श्यामा-श्याम अनुपम छवि, सरस रसिक सुख पुंज।।201।।

दिखते चंद्र चकोर से, कभी भ्रमर मकरंद।
उभय राग अनुराग में, पाते परमानंद।।202।।

समझें यह सब गोपियाँ, कृष्ण मिले मनमीत।
राधा लेकिन कृष्ण के, जीवन का संगीत।।203।।

आलिंगन कर कृष्ण ने, तन मन किया निहाल।
गोपी मन लज्जा भरा, गाल हो गए लाल।।204।।

कृष्ण कामना है यही, दें मथुरा का वास।
कालिंदी में नित नहा, करूँ मंगला खास।।205।।

करता मैं आठों पहर, कृष्ण आपका ध्यान।
कलि में तप संभव नहीं, नाम जाप आसान।।206।।

बाल कृष्ण तो खेल में, करें दुष्ट संहार।
गोकुल की रक्षा करें, लेकर नर अवतार।।207।।

भर आँचल में अरुणिमा, आई प्रात: धूप।
ज्यों घूंघट से झांकता, राधे तेरा रूप।।208।।

धूल धूसरित कृष्ण की, शोभा का आनंद।
लट लटकी मुख कमल पर, चूमे रस मकरंद।।209।।

है अनंत प्रभु की कथा, कठिन कृष्ण का नाम ।
छलिया नंदकिशोर है, करता अद्भुत काम ।।210।।

बरसे बादल कुंज में, भीगे गोपी ग्वाल ।
शोर मचा गाते सभी, करते नृत्य कमाल ।।211।।

तुलसी कबिरा जायसी, भक्त रहीम महान ।
मीरा केशव नामवर, सूरदास रसखान ।।212।।

राग-मार्ग की साधना, पावन परम पवित्र ।
रसिक भक्त की शरण में, पावन रखो चरित्र ।।213।।

युगल खिलाड़ी प्रेम के, दर्शन है अभिराम ।
पाता है ब्रज नयन सुख, प्रमुदित आठों याम ।।214।।

चिंता रखते भक्त की, नाम न हो बदनाम ।
रक्षा करते भक्त की, करें भक्त के काम ।।215।।

काया को काशी बना, मन वृंदावन धाम ।
संत हृदय मथुरा बना, भजन करें अविराम ।।216।।

दौड़े मन चंचल बहुत, कैसे कसे लगाम ।
भजन करें माला रुके, करता उल्टे काम ।।217।।

हृदय सरोवर में खिले, प्रेम पुष्प के पुंज ।
अर्पित राधा कृष्ण को, देखूं कुंज निकुंज ।।218।।

माघ मास व्रत हरिकथा, ब्रह्ममहुर्त स्नान ।
पावन तन मन को करे, भव तारण कर दान ।।219।।

मानवता का धर्म ही, सत्य धर्म सुख सार।
इसके बिन सुन ले 'अमर', सभी धर्म बेकार ।।220।।

छाई छटा बसंत की, सुरभित दिश चहुँओर।
सरसों फूली खेत में, खगकुल करता शोर ।।221।।

भोग मोक्ष फल दायनी, भक्ति प्रेम दे शुद्ध।
युगल प्रेम जो माँगता, मानव वही प्रबुद्ध ।।222।।

कृष्ण नाम जप ले 'अमर', जब तक तन में प्राण।
युगल दरस के लाभ से, निश्चित हो कल्याण ।।223।।

वसुधा का तृण तृण हरा, सरसों नयी उमंग।
ब्रज ऋतुराज बसंत ने, फैलाया निज रंग ।।224।।

छवि अनूप वंशी अधर, यमुना तट ब्रजचंद।
पीत वसन मोहक ललित, गोपी मन आनंद ।।225।।

भव भंजक मंगल करें, रखें अमंगल दूर।
कृष्ण नाम रसधार है, सकल ज्ञान का नूर ।।226।।

कृष्ण नाम निस दिन रटे, बैष्णव संत समाज।
दया सिन्धु घनश्याम जी, दिल पर करते राज ।।227।।

नैनन से नैना मिला, करते नैना बात।
मुदित हृदय हैं युगल के, हृदय न प्रीति अघात ।।228।।

कुंद कली श्री राधिका, भ्रमर बने गोपाल।
गोपी बनकर तितलियां, करतीं नृत्य कमाल ।।229।।

लता लिपटकर वृक्ष से, केलि करे नित संग ।
वंशी वृंदा-विपिन में, घोल रही रस रंग ।।230।।

कृष्ण नाम जपते रहो, युगल रूप भर नैन ।
हरि गुरु वैष्णव की कृपा, बनी रहे दिन रैन ।।231।।

गौर वर्ण की राधिका, शोभित श्याम किशोर ।
गोपी जमुना जल भरें, छवि देखो नव भोर ।।232।।

निर्मल उज्जवल चांदनी, कृष्ण रचाया रास ।
शरद पूर्णिमा गोपियाँ, करतीं कुंज विलास ।।233।।

राधा रस धुन में भरे, मुरली के हर बोल ।
बाँकि हैं प्रभु सांवरे, राधा है अनमोल ।।234।।

प्रणय निवेदन कृष्ण का, राधा लो स्वीकार ।
मान छोड़कर प्रिय सखी, करो उचित व्यवहार ।।235।।

'अमर' करें अभिमान नर, प्रभु हों उनसे दूर ।
कृष्ण कृपा मिलती नहीं, सपने चकनाचूर ।।236।।

युगल चरण के ध्यान से, मिटता जग अभिमान ।
कृष्ण नाम जप ले मनुज, कर गुरु का सम्मान ।।237।।

त्याग जगत बैराग्य कर, नर पाता आनंद ।
भजन मनोरथ सिद्ध हों, कटें जगत के फंद ।।238।।

भजन हीन करता नहीं, अपना आत्म विकास ।
पाता है अपकर्ष को, माया से बहु त्रास ।।239।।

सुख समृद्धि आरोग्य का, मिले सुखद संयोग।
कृपा करें गुरुवर अगर, कटते भव के रोग ।।240।।

आत्मा चेतन है 'अमर', चेतन है गुरु तत्व।
है चेतन परमात्म चिद, जिससे जग अस्तित्व ।।241।।

अष्ट सखी है संग में, मधुर गीत मल्हार।
कृष्ण संग में झूलतीं, अलबेली सरकार ।।242।।

41

श्रृंगार के दोहें (संयोग श्रृंगार)

कान्हा से नैना मिला, मन जोड़ा संबंध।
गोपी उर के धैर्य का, टूट गया तटबंध ।।1।।

कुमुद कुंद की नव कली, करें कृष्ण शृंगार।
देखे राधा कृष्ण को, करें हृदय से प्यार ।।2।।

केलि-कुंज राधा चली, कृष्ण मिलन अभिराम।
सेज सजाती गोपियां, प्रमुदित श्यामा श्याम ।।3।।

वंशी वृंदा-विपन में, घोल रही रस रंग।
नृत्य दिखातीं गोपियां, लिपट कृष्ण के अंग ।।4।।

ब्रज धन है श्री राधिका, ब्रज रस बाल गुपाल।
नाना विधि क्रीड़ा करें, बने बाल जगपाल ।।5।।

राधा कुंज निकुंज में, मिलती यमुना तीर।
कान्हा के हृद को करे, आठोंयाम अधीर ।।6।।

राधा वल्लभ लाल का, कुंज निकुंज बिहार।
कली कुसुम पर रीझती, करें प्रेम मनुहार ।।7।।

कुंद कली महके यहां, जूही अजब बहार।
झूला तरु की डाल पर, झूल रहे सरकार ।।8।।

बरसा बादल प्रेम का, गोपी गातीं गीत।
मन में सभी उमंग भर, करें कृष्ण से प्रीत ।।9।।

गोपी दिल धक धक करे, सुन मुरली की तान।
लेकर नाम पुकारती, पुष्प कुंज पहचान ।।10।।

वंशी में बजने लगा, मधुर प्रीत का राग।
राधा तन्मय हो करे, कान्हा से अनुराग।।11।।

कृष्ण अलंकृत पंख से, वंशी उनके हाथ।
भाल तिलक कटि काछनी, राधाजी का साथ।।12।।

राधा देखें कृष्ण को, कान्हा भाव विभोर।
वंशी धुन में गा रहे, नटवर नंदकिशोर।।13।।

छुप-छुप कर कान्हा करें, राधा का दीदार।
सत रंग की ओढ़नी, गल नौलक्खा हार।।14।।

आम्र बौर से रस झड़े, भँवरे करते गान।
मौसम राधे प्रेम का, छोड़ो अब तो मान।।15।।

गोपी भरने जल चली, पहुँची जमुना तीर।
मुरली धुन सुन भूलती, घट में भरना नीर।।16।।

कान्हा आते देखकर, भईं मुदित ब्रजनार।
गोपी प्रीतम रूप लख, भूली लोकाचार।।17।।

मोरपंख सर पर धरा, वंशी ले ली हाथ।
कान्हा सजधज कर बनी, राधा गोपीनाथ।।18।।

पीतांबर में जब 'अमर', निकले घर से श्याम।
आहें भरती गोपियां, मन में जपतीं नाम।।19।।

वेणु बजाते रस भरी, सुध भूली ब्रजनार।
मनमोहक मुस्कान तो, करे हृदय पर बार।।20।।

कुंज विविध क्रीड़ा करें, रसिक लाडली लाल ।
पान करें मकरंद जस, प्रमुदित भ्रमर रसाल ।।21।।

चंद्र देखता युगल को, रास रचाते कुंज ।
गोपी सुंदर है सजीं, सुंदर सजी निकुंज ।।22।।

यमुना पुलिन निकुंज की, अतुल छटा अभिराम ।
रास रचा यमुना पुलिन, शोभित श्यामा श्याम ।।23।।

भीगी पलकें आपकी, करती है मजबूर ।
प्रिया हमें जाना पड़े, छोड़ तुम्हें अब दूर ।।24।।

गाय चराने जब चले, मधुबन को गोपाल ।
झाँकें गोपी द्वार से, देखें रूप रसाल ।।25।।

मिले युगल सैया रचें, करें कृष्ण शृंगार ।
कालिंदी तट कुंज में, केलि करें करतार ।।26।।

निरख नयन श्यामल छटा, रूप मधुर अतिरेक ।
कृष्ण गोपियां संग में, लीला करें अनेक ।।27।।

लाला पलना झूलते, कौतुक नित-नित नव्य ।
दिव्य अलौकिक तेज मुख, नंद भवन है भव्य ।।28।।

खिले फूल से दिख रहे, राधा नंदकुमार ।
झूला फूलों से सजा, फूलों का शृंगार ।।29।।

फूलों के शृंगार से, शोभित राधा अंग ।
चंपा जूही मोगरा, कमल चमेली संग ।।30।।

 # वियोग श्रृंगार -(गोपी विरह)

राह निहारें गोपियां, कृष्ण न लौटे गाँव।
व्याकुल है राधा सखी, बैठ तरुन की छाँव ।।1।।

कृष्ण मिलन की आरजू, राधा बनी चकोर।
डसती शीतल चाँदनी, तारे गिन-गिन भोर ।।2।।

नीरस बनकर जिंदगी, डसती है दिन रात।
जीवन भर जिनके रहे, उनकी यह सौगात ।।3।।

वन उपवन से सुमन चुन, लाती है ब्रजवाल।
माला गूथे प्रेम से, याद करे गोपाल ।।4।।

विरह वेदना कृष्ण की, गोपी नयना नीर।
कहती कुछ मुख से नहीं, छुपी हृदय में पीर ।।5।।

मुरझा सब गोपी रहीं, गो-धन लगे उदास।
आंखें राह निहारतीं, कृष्ण मिलन की प्यास ।।6।।

कृष्ण कसकतीं हृदय में, तेरी मीठीं बात।
दिन भर राह निहारती, जागू सारी रात ।।7।।

कान्हा तेरी याद में, भर भर आएँ नैन।
प्रीत प्रतीक्षा कर रही, रहती मैं बेचैन ।।8।।

वन वन मारी में फिरूँ, मिले नहीं घनश्याम।
खुद के भीतर ही मिले, लिया प्रेम से नाम ।।9।।

ताला होठों पर लगा, कृष्ण विरह की पीर।
रोती हैं हम रात दिन, कौन बधाए धीर ।।10।।

व्यक्त न करती है कभी, गोपी मन की पीर।
विरह अश्रु नैनो भरे, कोसे निज तकदीर ।।11।।

राह पथिक की देखतीं, पूछेंगी प्रभु हाल।
पथिक राह आते नहीं, आकर हुए निहाल ।।12।।

दर्शन को बेचैन है, धैर्य नहीं अवसाद।
आहट सुन गोपी थकी, करे कृष्ण को याद ।।13।।

सारा ब्रज बेचैन है, रोज ताकता राह।
रोती अब माता रहे, कृष्ण मिलन की चाह ।।14।।

कृष्ण तुम्हें देखे बिना, मिले न मुझे सुकून।
मन मंदिर में तुम रहो, अर्पण करूँ प्रसून ।।15।।

राधा मन जब-जब हुआ, मिलने को बेचैन।
तब तब उनसे आ मिले, स्वप्न सलोने नैन ।।16।।

कान्हा उद्धव से कहें, आती ब्रज की याद।
कानों में नित गूंजता, राधे-राधे नाद ।।17।।

आम्र बौर से रस झरे, कोयल कूँके बाग।
आजा अब तो सांवरे, विरह लगे जस आग ।।18।।

किससे राधा अब कहे, अपने मन की पीर।
कृष्ण गए जब द्वारका, नयनो बहता नीर ।।19।।

गोपी अंतस में बसी, कृष्ण विरह की पीर।
उद्धव पीड़ा देखकर, भूले ज्ञान गभीर ।।20।।

जीवन भर सहती रहूँ, कृष्ण विरह की पीर।
कहना कुछ उद्धव नहीं, होंगे बहुत अधीर ।।21।।

विरह न अंतर का मिटे, घटे न दिल की पीर।
गौ, गोप संग गोपियां, है हालत गंभीर ।।22।।

विरह वेदना कृष्ण की, रहती आठों याम।
राधा चैन चुरा लिया, रास रसिक घनश्याम ।।23।।

लीला राधेश्याम की, एक-एक अभिराम।
विरह विकल भूली प्रिया, बैठी गोदी श्याम ।।24।।

रसिक बिहारी सांवरे, रास रसिक ब्रजचंद।
तेरे बिन अब है कहाँ, कुंजो में आनंद ।।25।।

दिल में है तूफान अब, होती दृग बरसात।
विरह अग्नि तन में लगी, तन हिलता जस पात ।।26।।

टीस हृदय में उठ रही, आतीं बातें ध्यान।
कृष्ण विरह रातें कटें, शत-शत जनम समान ।।27।।

नींद मुझे आती नहीं, तन हरकत प्रतिकूल।
विरह वेदना कृष्ण की, बनकर चुभती शूल ।।28।।

नयन व्यथित कान्हा बिना, देखूँ किसकी ओर।
प्रीतम प्रेमी सांवरे, मथुरा नंद किशोर ।।29।।

नींद गई अब रात की, नहीं मिले दिन चैन।
रहती सुध तन की नहीं, याद करूँ दिन रैन ।।30।।

# नीति के दोहे

मनुज करे जब साधना, सतत करे अभ्यास।
अद्भुत नित आनंद की, उर में बढ़ती प्यास।।1।।

जीवन जीने की कला, सिखलाता इतिहास।
धर्म सिखाता साधना, जीवन बनता खास।।2।।

जाति धर्म के नाम पर, लड़ें यहाँ पर लोग।
भूले मानव धर्म को, है समाज में रोग।।3।।

राधा के दरबार में, भक्तों की भरमार।
सुनती उनकी राधिका, जो शरणागत यार।।4।।

मंजिल पाता है वही, जो करता संघर्ष।
मात-पिता रहते सुखी, बढ़ता जग उत्कर्ष।।5।।

नियम नियति का है अटल, कर्म भोग संसार।
चार दिनों की जिंदगी, कर लो सबसे प्यार।।6।।

क्यों गुमान गोरी करे, यौवन के दिन चार।
हँस-हँस दर्पण कह रहा, व्यर्थ रूप शृंगार।।7।।

बच्चो सच की राह पर, मिलता मित्र न एक।
कांटे हैं इसमें बहुत, पर सच का अभिषेक।।8।।

करें हवन प्रभु नाम का, होता शुद्ध मकान।
खुश होते सब देवता, बने अलग पहचान।।9।।

दुर्लभ है संसार में, सद्गुरु मिलना आज।
नकली पुष्पों से सजा, दिखता संत समाज।।10।।

मन दर्पण देखे मनुज, भला बुरा व्यवहार।
दिखलाता दर्पण वही, जो करते नर-नार ।।11।।

सम्मानित जग में वही, करता अच्छे काम।
धन संपद पद मान को, करते सभी प्रणाम ।।12।।

जाति धर्म का सिलसिला, हो सकता है बंद।
सबको सम कानून हो, बंद सभी छल छंद ।।13।।

मात-पिता की छाँव में, हो सुख का अहसास।
रहता जो उनकी शरण, जग में करे विकास ।।14।।

माल विरासत में मिला, पुत्र न समझे मोल।
उसे लूटाता व्यर्थ में, खर्च करे दिल खोल ।।15।।

करें कृष्ण आराधना, मिटे जगत की पीर।
मेहनत से निर्मित करें, आप स्वयं तकदीर ।।16।।

मात-पिता की अवज्ञा, सब दु:खों का मूल।
कहना उनका मानना, करना कभी न भूल ।।17।।

माता करती परवरिश, देते पिता स्वनाम।
देता दूजा गुरु जनम, भजन करें निष्काम ।।18।।

माँ की ममता का नहीं, कोई और विकल्प।
सेवा मन से कर मनुज, लेकर के संकल्प ।।19।।

मात-पिता पूजें सभी, जीवन जाते हार।
पोषण मेहनत से करें, सुखी रखें परिवार ।।20।।

बदल रहे हालात अब, कलयुग का है वास।
मात-पिता नौकर बने, पत्नी साले खास ।।21।।

माता करती पुत्र से, ममता प्रीत दुलार।
वृद्धाश्रम छोड़ें 'अमर', बेटा दें उपहार ।।22।।

करें नित्य सत्संग ही, उत्तम बने स्वभाव।
जल जाकर जिससे मिले, बदले निज गुण भाव ।।23।।

देने जग को रोशनी, आता दिनकर रोज।
मानव करें सहायता, भूखों को दे भोज ।।24।।

पौंछे दर्पण क्यों मनुज, निज मुख पर ही धूल।
मन दर्पण को साफ रख, करता क्यों नित भूल ।।25।।

ढूंढ रहा संसार में, जन-जन के तू दोष।
खुद के दोष न देखता, करे न खुद पर रोष ।।26।।

सत्य धर्म सद्भावना, परहित का हो ज्ञान।
सर्व धर्म में एकता, मानवता पहचान ।।27।।

दिल मानव का आइना, सदा करे इंसाफ।
सत्य सत्य कहता सदा, रखना इसको साफ ।।28।।

मानव मन में झाँक कर, मन दर्पण को देख।
तेरे मन पर है लिखा, निज कर्मों का लेख ।।29।।

मन के भीतर चोर है, बनता साहूकार।
ऐसा मनुज समाज को, करे खोखला यार ।।30।।

मित्र आज बनने लगे, आस्तीन के सांप।
'अमर' नहीं पहचानता, कैसे जाने आप ।।31।।

लक्ष्मी पूजा के बिना, बनो नहीं धनवान।
नारायण को याद रख, होगा तब कल्यान ।।32।।

निर्मल मन तब ही बने, कर्म करो निष्काम।
पाप कर्म करता सदा, मानव को बदनाम ।।33।।

चुगलखोर इंसान को, मिले नहीं सम्मान।
खुलती पोल समाज में, थूके सकल जहान ।।34।।

सत्य कर्म मानव करें, फल देते भगवान।
कर्म बनाता भाग्य को, कर्मों को पहचान ।।35।।

सत्य यहाँ अब मौन है, झूठ भरे हुंकार।
दानवता का राज्य अब, मानवता बेकार ।।36।।

संयम जिसका खो गया, कुत्सित बने विचार।
मानव वह अभिशाप है, ले डूबे परिवार ।।37।।

झूठे की हम झूठ का, करते नहीं विरोध।
न्याय तभी मिलता नहीं, आता है अवरोध ।।38।।

कठपुतली मानव बना, नाचे नर कंकाल।
जान बूझकर फँस गया, नर माया के जाल ।।39।।

पीले पत्ते दे रहे, जन-जन को संदेश।
बूढ़ा तन कहता यही, कुछ दिन जीवन शेष ।।40।।

मिलें ढूंढने से यहाँ, भक्ति-भक्त भगवान ।
निश्चिय उद्यम धैर्य से, बने सफल इंसान ।।41।।

अस्थि मांस मज्जा रुधिर, नर तन की पहचान ।
मोह छोड़ कर देह का, आत्म तत्व को जान ।।42।।

'अमर' मित्र अनमोल वह, करता है जो भक्ति ।
रहता है संसार में, दूर हुई आसक्ति ।।43।।

कलम उठाकर कीजिए, सदा कृष्ण गुणगान ।
भक्ति भाव बढ़ता रहे, रचना रचे महान ।।44।।

दोहा कविता जब लिखें, सरला भाव स्पष्ट ।
क्लिष्ट शब्द करते सदा, भावों को अस्पष्ट ।।45।।

ऊँच-नीच मानव नहीं, होते उसके कर्म ।
संत बने संस्कार से, पहले मानव धर्म ।।46।।

जीत सत्य की हो सदा, हो असत्य की हार ।
रहो अडिग तुम सत्य पर, जीत सुनिश्चित यार ।।47।।

मधुर वचन व्यवहार से, बनते सारे काम ।
दुश्मन भी करता नमन, मुख से बोले राम ।।48।।

अर्थ बिना चलता नहीं, जग में कोई काम ।
चाहे रहो गृहस्थ में, त्याग जपो हरि नाम ।।49।।

समय बड़ा बलवान है, 'अमर' समय से सीख ।
गया समय आता नहीं, चाहे मांगो भीख ।।50।।

रिश्ते नाते स्वार्थ के, 'अमर' प्रेम अब बंद।
जरा जरा सी बात पर, रूठें सभी स्वच्छंद ।।51।।

चिंतन देता है सदा, सही गलत अनुमान।
काम बिगाड़े क्रोध तो, हँसता सकल जहान ।।52।।

दया प्रेम सद्भावना, यही धर्म का मर्म।
'अमर' कहे सबसे बड़ा, परहित मानव धर्म ।।53।।

संयम करना ही पड़े, खड़ा बुढ़ापा द्वार।
मानव इच्छा को रहे, काम क्रोध ललकार ।।54।।

कोशिश करती है बहूँ, रहे सुखी ससुराल।
माँ का ही पर्याय बन, सासू करे निहाल ।।55।।

जीवन आशा पर चले, श्रद्धा का सब खेल।
छोड़ो आशा तुम नहीं, बढ़ो मुसीबत झेल ।।56।।

लुप्त प्राय होने लगा, आपस का सम्मान।
बदल गया व्यवहार अब, घटी जान पहचान ।।57।।

काया जर्जर हो गई, आंखों में है जान।
फिर भी जीवन आरजू, चाह नहीं अवसान ।।58।।

करते रहना कोशिशें, मानो कभी न हार।
कामयाब होंगे तभी, सीखोगे हर बार ।।59।।

मन दर्पण पढ़ लीजिए, मिटे हृदय का भेद।
भला बुरा दिखने लगे, पढ़ना पड़े न वेद ।।60।।

धन दौलत किसकी सगी, सदा रहे कब पास ।
फिर क्यों मानव को लगे, दौलत सबसे खास ।।61।।

राहें जीवन की कठिन, इसमें सुख-दुख मोड़ ।
इन पर चलना हो सरल, प्रभु से नाता जोड़ ।।62।।

वृक्ष करें परमार्थ सब, स्वयं न बैठें छाँव ।
लगता फल खाते नहीं, खाता सारा गाँव ।।63।।

बच्चों को संस्कार दो, नहीं रत्न धन खान ।
चरित खजाना सत्य में, बने अलग पहचान ।।64।।

दौलत उसकी जानिए, रहती जिनके पास ।
पैसा यदि घर में नहीं, मानव रहे उदास ।।65।।

तिरस्कार मत कीजिए, घर आएँ मेहमान ।
समझ रूप भगवान का, खूब करो सम्मान ।।66।।

जगत झूठ छल कपट का, बना हुआ बाजार ।
सत्य यहाँ दिखता नहीं, जीवन का जो सार ।।67।।

प्रेम दया को त्याग कर, बोलें कड़वे बोल ।
मानवता का लोग अब, करते है अब मोल ।।68।।

परहित तुम करते रहो, बोलो मीठे बोल ।
मिलता है आशीष फिर, देते नर दिल खोल ।।69।।

वफादार यदि भृत्य हो, सौंप उसे घर द्वार ।
अपनों की मत बात कर, होते हैं गद्दार ।।70।।

मंदिर मस्जिद चर्च में, मिलें नहीं भगवान ।
जीव अंश भगवान का, खुद को नर पहचान ।।71।।

जीवन का रस लीजिए, करिए खूब विनोद ।
हँसना है अच्छी कला, देती खूब प्रमोद ।।72।।

निंदा कभी न कीजिए, जाता मृदु व्यवहार ।
सत्य मधुर बोलो सदा, जीना है दिन चार ।।73।।

छोटी-छोटी चींटियां, सीखो ! करतीं काम ।
स्वस्थ रहें थकती नहीं, करें नहीं आराम ।।74।।

वन दीपक आलोक भर, जग में करें प्रकाश ।
खूब पढ़े ज्ञानी बने, जगह बना लें खास ।।75।।

शाकाहारी तुम बनो, अज्ञानी इंसान ।
जीव अंश भगवान का, हे ! निर्दय नादान ।।76।।

भोजन बच्चों को नहीं, नारी करती काम ।
पीता मर्द शराब नित, जीना करे हराम ।।77।।

मनुज देह अनमोल है, व्यर्थ करो मत यार ।
ले जाती प्रभु शरण में, संत करें उपकार ।।78।।

मरण समय से पूर्व यदि, निकले प्रभु का नाम ।
जन्म मरण से मुक्त नर, पहुँचे प्रभु के धाम ।।79।।

जन्मजांत सब शुद्र हैं, उच्च करें संस्कार ।
चार वर्ण गीता कहे, विविध कर्म अनुसार ।।80।।

मात शरण में मिल रहा, नर! माता का प्यार ।
भजन भाव गुरु कृपा से, भरा रहे भंडार ।।81।।

समय-समय की बात है, समय सदा बलवान ।
लेता वापस सब वही, मत करना अभिमान ।।82।।

जीवन भर संचय किया, देखे सुख के ख्वाब ।
निज जन दुख देने लगे, जन, धन लगें खराब ।।83।।

कलुषित मन रखना नहीं, यही पतन का द्वार ।
परमारथ जाता रहे, मिले नहीं उद्धार ।।84।।

अंत बुढ़ापे में मनुज, सुनता सब की बात ।
सोचे फिर खुद का किया, चुप चुप रोता रात ।।85।।

भेद -भाव करना नहीं, दिल को रखना साफ ।
मानव सभी समान नर, गलती करना माफ ।।86।।

गिर गिर चढ़तीं चींटियाँ, कभी न मानें हार ।
सीख हमें वह दे रहीं, होना मत लाचार ।।87।।

उच्च नीच बस कर्म है, जाति धर्म पाखंड ।
मानवता बटती नहीं, रहती सदा अखंड ।।88।।

मिट्टी के बर्तन बना, बेच रहे घर द्वार ।
लेना उनसे चाहिए, चला सकें घर वार ।।89।।

सँभल राह चलना 'अमर', मिल सकते शैतान ।
मनुज भेष में घूमते, गली-गली हैवान ।।90।।

खुद के दिल में झाँक कर, खोज दोष नादान ।
देख बुराई मनुज में, करना मत अपमान ।।91।।

प्रेम समर्पण है कहाँ, मतलब का संसार ।
घर-घर अब सबका हुआ, स्वार्थ पूर्ण व्यवहार ।।92।।

शिक्षा अपनों के लिए, गुरु शरणागति सार ।
बिन गुरु के मिलता नहीं, सत्य ज्ञान भंडार ।।93।।

सत्यनिष्ठ जीवन जिएँ, करे चरित्र निर्माण ।
मनुज आत्म-निर्भर बने, मिलता दुख से त्राण ।।94।।

भूला मानव सभ्यता, रही कहाँ अब रीत ।
धीरे-धीरे जगत से, खत्म हो रही प्रीत ।।95।।

विद्या पढ़ मिलती विनय, विनय बनाती पात्र ।
मिलता सब कुछ पात्र को, सद्गुरु चुन लें मात्र ।।96।।

पाप करे नारी निरख, मन में कुटिल विचार ।
निश्चित जाए नर्क में, धर्म मूल्य है सार ।।97।।

सज्जन का करते नहीं, लोग यहाँ सम्मान ।
गुंडे से डरते सभी, सज्जन जन धनवान ।।98।।

रह जाएगा सब यहीं, धन दौलत घर द्वार ।
जाता है बस साथ में, 'अमर' नेक व्यवहार ।।99।।

तू-तू मैं-मैं दुश्मनी, आपस में तकरार ।
झगड़े की यह जड़ बने, पैसा ही हर बार ।।100।।

धर्म कर्म करते रहें, जब तक तन में प्राण ।
व्यर्थ धर्म जाता नहीं, करते प्रभु निर्वाण ।।101।।

दूरी नफरत से बढ़े, देती नफरत बैर ।
करती नफरत ही हमें, अपनों से तब गैर ।।102।।

सत्य निष्ठ जीवन बने, मानव का शृंगार ।
मिलते सच्चे बहुत कम, झूठों की भरमार ।।103।।

प्यार भरी यदि जिंदगी, सुखमय हो परिवार ।
सुख देती है झोपड़ी, महल लगे बेकार ।।104।।

सुधिजन निज मन की व्यथा, रखें छुपा गम्भीर ।
लोग करें अठखेलियाँ, सुनें न समझें पीर ।।105।।

दूरी बढ़ती है तभी, करें न वार्तालाप ।
बात करें उनकी सुनें, दूर करें संताप ।।106।।

लोभ मोह मद क्रोध से, बिगड़ें सारे काम ।
मानव ऐसा जगत में, होता है बदनाम ।।107।।

सेवा मतलब से करें, नहीं करें निष्काम ।
पत्नी बेटा सुत बधू, सबको प्यारे दाम ।।108।।

भाव भरे कवि काव्य में, जाए मिल पहचान ।
वाह संग में तालियाँ, कविता बने महान ।।109।।

विजय प्राप्त करते सदा, 'अमर' साहसी लोग ।
डरें नहीं अवरोध से, करें सफल उद्योग ।।110।।

पाप कर्म से जोड़ धन, करता क्यों अभिमान।
छोड़ सभी को जगत में, पहुंचे नर शमशान ।।111।।

सास बहू की कब बनी, रहते भिन्न विचार।
समझ उभय कर लें अगर, **बेटी मां सम प्यार** ।।112।।

बुरे वचन मत बोलिए, होते दिल के पार।
गहरा शस्त्रों से अधिक, करते शब्द प्रहार ।।113।।

उत्तम जग में तीन है, भक्ति भक्त भगवान।
मनुज जगत नस्वर सभी, आत्मा 'अमर' महान ।।114।।

कंचन **वैभव कामिनी**, पुत्र मित्र अभिमान।
क्षण भंगुर सारा जगत, मिथ्या इसको जान ।।115।।

करे मौत की कामना, पीड़ित मन बेहाल।
भजे न फिर भी कृष्ण को, खड़ा सामने काल ।।116।।

बालापन भी खो गया, खुशियाँ हमसे दूर।
बुरे कर्म में है फँसे, जीने को मजबूर ।।117।।

नव यौवन में लग रहे, **बुझे बुझे से आप**।
गालों पर लाली नहीं, काम क्रोध अभिशाप ।।118।।

मिलना होली सभी से, करना तुम सम्मान।
हाथ जोड़ छूना चरण, बन अच्छा इंसान ।।119।।

प्रतिभाएँ बैठी रहें, रिश्वत पर्दा आड़।
मिले पहुंच से नौकरी, चलती मनुज जुगाड़ ।।120।।

अच्छी संगत साधु की, हरे कोटि अपराध ।
दुर्जन की संगत बुरी, बढ़ते पाप अगाध ।।121।।

प्रभु के आशीर्वाद से, निर्धन हो भूपाल ।
अहम करे राजा अगर, बन जाता कंगाल ।।122।।

खेल गया मस्ती गई, बचपन बना सवाल ।
गोदी लोरी अब नहीं, गूगल का बस जाल ।।123।।

माँ के आँचल में छुपा, खुशियों का संसार ।
सेवा मिलती भाग्य से, माँ जीवन का सार ।।124।।

लड़की मारें गर्भ में, कलियुग के इंसान ।
पाप भ्रूण हत्या मनुज, कन्या प्रभु वरदान ।।125।।

पुस्तक नर पढ़ते नहीं, मिले कहाँ से ज्ञान ।
गूगल गुरु की मानते, मोबाइल पर ध्यान ।।126।।

भूल गए संस्कार नर, लगती संस्कृति भार ।
चोला पहना आधुनिक, तर्क करे बेकार ।।127।।

दुनिया है यह स्वार्थ की, करती धन से प्यार ।
झूठे रिश्ते जोड़ती, देख समय अनुसार ।।128।।

मतलब के अब मित्र हैं, बदल रहे दस्तूर ।
आफत आती देखकर, हो जाते हैं दूर ।।129।।

झर-झर आंसू झर रहे, मन है अधिक उदास ।
पाला पोशा कष्ट से, करता वही निरास ।।130।।

सजनी साजन में अगर, बढ़ने लगे विवाद।
'अमर' शीघ्र मिलकर करें, सुलह सुखद संवाद ।।131।।

सदियों से है दुखद यह, मांगें सभी दहेज।
सोच समझ शादी करें, युवा करें परहेज ।।132।।

उत्तम हो व्यवहार यदि, दिल पर छोड़े छाप।
लोग करें सम्मान तब, नहीं मनुज संताप ।।133।।

इज्जत निज घर की 'अमर', रखें सदा संभाल।
मौका ढूंढे दुष्ट जन, पगड़ी रहे उछाल ।।134।।

संचय करना है भला, लालच करना पाप।
रहते घर के सब दुखी, जीवन बनता श्राप ।।135।।

गिर कर उठते हैं सभी, होना नहीं निराश।
मिले सफलता एक दिन, छोड़ें कभी न आश ।।136।।

मौका देता है समय, चूके अगर निराश।
जाता रहता हाथ से, आया मौका खास ।।137।।

भेष बनाकर साधु का, मिलें नहीं भगवान।
मन बदलें तन को नहीं, पहले हों इंसान ।।138।।

असमंजस मन में यदि, कभी न पाता पार।
तैयारी वह क्या करे, पहले जाता हार ।।139।।

स्वयं आचरण खो रहे, बालक वृद्ध जवान।
संस्कार नही शेष है, नहीं धर्म का ज्ञान ।।140।।

शब्द नष्ट होता नहीं, नाप तोल कर बोल ।
शब्द तोलते ज्ञान को, शब्द खोलते पोल ॥141॥

ज्ञानी के सौंदर्य का, मिले शास्त्र से मेल ।
तभी चमकती योग्यता, है प्रमाण का खेल ॥142॥

पीढ़ी दर पीढ़ी हुआ, संस्कारों का ह्रास ।
सभ्य लोग कैसे बने, भूले निज इतिहास ॥143॥

झूठ कभी छुपता नहीं, करता है वह तंग ।
आँच साँच को है कहाँ, सच दिखलाता रंग ॥144॥

स्वार्थी यह संसार है, अपने जाते भूल ।
त्याग करें इस जगत का, प्रभु को करें कबूल ॥145॥

आदत बुरी शराब की, बच्चे रहें उदास ।
मानवता जाती रहे, लोक करे परिहार ॥146॥

भूख न देखे जाति को, भूख न देखे पाप ।
पापी पेट गरीब का, बना हुआ अभिशाप ॥147॥

सभी जगह मिलतीं नहीं, भजन भक्ति अनुकूल ।
भजन करो एकांत में, सारे जग को भूल ॥148॥

सेवा रोगी की करो, प्रेम करो निःस्वार्थ ।
धर्म कर्म करते रहो, खूब करो परमार्थ ॥149॥

घटते घटते घट रहे, रिश्ते नातेदार ।
कपटी पापी नर बना, करे कपट व्यवहार ॥150॥

मिलकर रहना है भला, मत तोड़ो परिवार ।
मानव रूपी भेड़िया, झपट करेंगे बार ।।151।।

करते हैं सब का भला, संत भक्त भगवान ।
किंतु साधु के भेष में, जग में अब शैतान ।।152।।

रहना ज्यादा दिन नहीं, मित्र कभी ससुराल ।
आव-भगत जाती रहे, करते लोग सवाल ।।153।।

निकल गई सब हेकड़ी, पीता रोज शराब ।
छोड़ गई पत्नी उसे, किडनी हुई खराब ।।154।।

बुरा पड़ोसी गर मिले, करें न बात तमाम ।
झगड़ा झंझट ही करे, जीना करे हराम ।।155।।

विपद पड़े पर छोड़ दे, मित्र बंधु सब साथ ।
'अमर' तजुर्बा बोलता, प्रभु ही पकड़ें हाथ ।।156।।

भाई-भाई लड़ रहे, बने आज अनजान ।
समझें रिश्ता रक्त का, करें सदा सम्मान ।।157।।

अभिव्यक्ति की स्वतंत्रता,सबका है अधिकार ।
पर मर्यादित बोलना, अनुशासन तलवार ।।158।।

द्रव्य मिला क्या आपको, करो न सीधी बात ।
आसमान पर थूकते, भूले निज औकात ।।159।।

दुष्ट संग सबसे बुरा, हर पल रहती व्याधि ।
संगत संतों की भली, देती भक्त उपाधि ।।160।।

मुख की शोभा वचन से, हाथों की है दान ।
कानों की शोभा श्रवण, और मनुज की ज्ञान ।।161।।

भ्रमित मनुज संसार के, रहते प्रभु से दूर ।
सहते रहते कष्ट नर, क्यों इतने मजबूर ।।162।।

जानें अनजाने बनें, आज मतलबी लोग ।
कलयुग के इंसान में, लगा बुरा यह रोग ।।163।।

कलयुग में होने लगा, मंदिर में भी पाप ।
आसा राम रहीम से, संत बने अभिशाप ।।164।।

'अमर' कड़कती धूप में, गर्म हवा की मार ।
मटके का पानी पिएँ, ठंडा कर इंकार ।।165।।

लगा रहे हैं आग मुख, जीते जी जो लोग ।
निश्चय ही भोगें 'अमर, निज कर्मों का भोग ।।166।।

नशा जहर है मत करो, करता सत्यानाश ।
तन धन सुत भार्या हरे, मानव जिंदा लाश ।।167।।

मनुज खोजते हैं जहाँ, अपनी अपनी भूल ।
खिलें वहाँ पर प्यार के, रंग बिरंगे फूल ।।168।।

करी कमाई पाप की, रहता मन बेचैन ।
बीमारी घर में कलह, दुखी रहे दिन रैन ।।169।।

मन तो मनमानी करे, जपो जोर से नाम ।
फिर भी यदि माने नहीं, प्रभु को सौंप लगाम ।।170।।

रिश्ते नाते अब नहीं, स्वार्थ भरा है प्यार।
बिन मतलब भगवान भी, लगते है बेकार ।।171।।

गंदे किसी फकीर का, मत करना उपहास।
आंखों से दिखता नहीं, जो है उसके पास ।।172।।

बने शिकारी घूमते, पीते खूब शराब।
मधुर बोलकर फाँसते, इज्जत करें खराब ।।173।।

मीठी वाणी बोलकर, हमदर्दी बस यार।
दुश्मन को भी नमन कर, बहुत बुरा संसार ।।174।।

गणपति पत्थर चौथ को, देखें अगर मयंक।
बिन चोरी दुष्कर्म के, निश्चित लगे कलंक ।।175।।

प्रभु से यदि कुछ मांगना, शरणागति ही माँग।
दिल से कर आराधना, अपराधों को त्याग ।।176।।

राग द्वेष दुर्भावना, मत रख अपने पास।
दुर्योधन अरु कंस का, पढ़ ले कुछ इतिहास ।।177।।

क्या जानें वो धूप क्या, जिन पर ऐ सी कार।
तपते निर्धन धूप में, रोटी रोजी भार ।।178।।

प्रकृति धरा दोहन करें, पूर्ण करें निज स्वार्थ।
नीर वायु वनसंपदा, दी प्रभु ने सेवार्थ ।।179।।

सभ्य आदमी की यहाँ, सुनने वाला कौन।
झूठों का वर्चस्व है, सत्य हो गया मौन ।।180।।

विद्या देती है विनय, विनय शील विद्वान।
'अमर' विद्वता पर कभी, करो नहीं अभिमान ।।181।।

स्वागत करना चाहिए, आए दुश्मन द्वार।
मधुर वचन बोले सदा, और करे सत्कार ।।182।।

ज्ञानी चुप ही बैठता, **मूर्ख** बजाते गाल।
'अमर' कपट रग-रग बसा, उल्टी चलता चाल ।।183।।

मित्र शत्रु सबसे बड़ा, जाने घर का भेद।
जिस थाली खाता 'अमर', करता उसमें छेद ।।184।।

अपने अपनों से रखें, बैर नहीं बस प्रीत।
बजने जीवन में लगे, मधुर मधुर संगीत ।।185।।

मृत्यु एक है सत्य कटु, कर लें हम स्वीकार।
मगर समय अज्ञात है, रहना है तैयार ।।186।।

अजर 'अमर' कोई नहीं, जाना प्रभु के पास।
भजन सरल भगवान का, खूब करो अभ्यास ।।187।।

माँ

माता के उपकार का, कितना करूँ बखान ।
सात जन्म चुकता नहीं, ममता कर्ज महान ।।1।।

जन्म दिया ममता रखे, बूढ़ी हो संतान ।
देखभाल करती सदा, दूजा वह भगवान ।।2।।

ममता मिली न मात सी, ढूंढा सब संसार ।
हित संतति का चाहती, मातु प्रेम आगार ।।3।।

चाहे बेटा हो बुरा, बसें मात के प्राण ।
चिंता करती हर समय, चाहे वह कल्याण ।।4।।

माँ की सेवा तुम करो, अच्छा बन इंसान ।
वृद्ध हुई तन काँपता, भूलो मत अहसान ।।5।।

माँ के आंचल में छुपा, खुशियों का संसार ।
मिलती सेवा भाग्य से, सदा करे वह प्यार ।।6।।

बेटा जग का वह धनी, माँ है जिसके साथ ।
मिलती रहती है दुआ, सर पर माँ का हाथ ।।7।।

माँ सी नहीं महानता, करती सदा दुलार ।
कष्ट विपत सह पालती, पाती फिर दुत्कार ।।8।।

विविध रूप धारण करे, भगनी पुत्री नार ।
माँ के पुण्य प्रताप से, सुखी रहे परिवार ।।9।।

मातृ दिवस पर पूँजते, माँ मरने के बाद ।
जीवित माँ सम्मान को, रखें नहीं क्यों याद ।।10।।

देश प्रेम

वीरों की गाथा बनी, भारत की पहचान ।
हटें हटान से नहीं, दे दें अपनी जान ।।1।।

बेमिसाल है आज भी, मेरा भारत देश ।
सीमा पर हैं वीर वर, क्या कर सके विदेश ।।2।।

मेरे भारत देश में, बड़ा कृष्ण का नाम ।
यात्री देश-विदेश के, आकर करें प्रणाम ।।3।।

'अमर' बुलंदी वीर की, रचे सदा इतिहास ।
बेटा के बलिदान पर, माता नहीं उदास ।।4।।

देश भक्ति का जोश भी, रहता 'अमर' कमाल ।
मातृभूमि पर मर मिटे, विजय करे हर हाल ।।5।।

'अमर' तिरंगा देश का, जन-जन की है शान ।
सर्व धर्म में एकता, भारत की पहचान ।।6।।

भारत माने विश्व को, है वसुधैव कुटुंब ।
देखो आकर देश में, विविध धर्म प्रतिबिंब ।।7।।

रक्षा करते देश की, वीर करें बलिदान ।
नजरे सीमा पर रखें, दुश्मन की लें जान ।।8।।

सरहद पर घुसपैठ कर, खुश है पाकिस्तान ।
नजरें सीमा पर रखें, हम हैं वीर जवान ।।9।।

लहर तिरंगा कह रहा, वीरों का बलिदान।
रक्षा की हर हाल में, माँ के वीर जवान ।।10।।

रहते हैं जिस देश में, करें अन्न जलपान।
देश प्रेम में जान दें, क्या हिन्दू क्या खान ।।11।।

धर्म सनातन देश का, जग में अति प्राचीन।
बिगड़ी भारत सभ्यता, बढ़ते पंथ नवीन ।।12।।

मंत्र मुग्धता छा गई, सुने विवेकानंद।
शून्य विषय पर बोलते, लेते सब आनंद ।।13।।

शिक्षक शिक्षा राष्ट्र हित, देश भक्ति का ज्ञान।
ज्ञानी शिष्यों से बनी, भारत की पहचान ।।14।।

भगत तिलक नेता सभी, आजादी के मंत्र।
वंदन वीरों का करें, मना सभी गणतंत्र ।।15।।

आजादी की जंग में, जिसने भी दी जान।
रखना उनको याद तुम, है भारत की शान ।।16।।

राष्ट्र निष्ठ जीवन जिएँ, जीवन के दिन चार।
सत्य लड़ाई जीतता, झूठे जाते हार ।।17।।

दीप जला करते नमन, उन वीरों के नाम।
बाजी प्राणों की लगा, छोड़ गए निज धाम ।।18।।

सैनिक का सम्मान हो, करें राष्ट्र से प्यार।
निज सुख का बलिदान कर, रक्षा को तैयार ।।19।।

न्यौछावर इस देश पर, भारत माँ के लाल ।
आजादी उनसे मिली, बच्चो रखो सम्भाल ।।20।।

कोटि-कोटि उनको नमन, वीर शहीद जवान ।
आजादी को दे गये, खुद को कर बलिदान ।।21।।

वीर बनो कायर नहीं, करो शौर्य के काम ।
रक्षा भारत की सदा, 'अमर' देश का नाम ।।22।।

शत-शत नमन पुष्पांजलि,गौरव का अहसास ।
नायक सच्चे देश के, कहते लोग सुभाष ।।23।।

बनिए 'अमर' सुभाष तुम, भारत करे सलाम ।
देश-भक्ति दिल में लिए, करो देश का नाम ।।24।।

खून मुझे दो मैं तुम्हें, दूँ आज़ादी वीर ।
अमन चैन हो देश में, मिटे मात की पीर ।।25।।

नेताजी का घोष था, माँगे माँ बलिदान ।
धीर-वीर दिल्ली चलो, नहीं थमे तूफान ।।26।।

भारत के गौरव बने, बाल कृष्ण भगवान ।
गीता के उपदेश से, बढ़ा देश का मान ।।27।।

वीरों की कुर्बानियां, मना रहे गणतंत्र ।
देश बटा बेशक मगर, भारत हुआ स्वतंत्र ।।28।।

कलयुग में जब बढ़ गया, आडंबर पाखंड ।
भारत की होने लगी, संस्कृति खंड विखंड ।।29।।

राजनीति वेश्या बनी, बदलें दल तत्काल ।
अवसरवादी हैं सभी, बुरा देश का हाल ।।30।।

भूख गरीबी देश में, बिलख रहे हैं बाल ।
गायब थाली से हुई, रोटी चटनी दाल ।।31।।

बनना कायर मत कभी, कायरता अभिशाप ।
रक्षा करना देश की, सच्चे सैनिक आप ।।32।।

नायक ऐसा चुन 'अमर', करे राष्ट्र हित काम ।
रचे रोज इतिहास को, करे विश्व में नाम ।।33।।

सत्यनिष्ठ नेता मिला, बनी देश पहचान ।
राष्ट्र-धर्म पालन करे, सुख को कर बलिदान ।।34।।

देश-भक्त करते सदा, मातृ भूमि से प्यार ।
मांग भरें निज रक्त से, शीश धरें उपहार ।।35।।

भारत की रक्षा करें, रखें देश का मान ।
'अमर' जगत करता नमन, कहते उन्हें जवान ।।36।।

मातृ भूमि कोटिक नमन, भारत प्रभु का धाम ।
वीर जन्म लेते यहाँ, जग में करते नाम ।।37।।

वीर देश पर मर मिटें, दिल से करूँ प्रणाम ।
उन्हें कोटि वंदन करें, श्रद्धा से अविराम ।।38।।

नारी

नारी के सानिध्य से, मानव बने महान।
त्याग मयी ममता भरी, करें सभी गुणगान ।।1।।

नारी को दुत्कारना, नीच मनुज का काम।
पत्नी माँ भगनी सुता, नारी जननी राम ।।2।।

नारी देवी रूप है, उसकी हम संतान।
पूजा भारत में करें, सदा करें सम्मान ।।3।।

नारी है नारायणी, नारी है विश्वास।
नारी का उत्तम चरित, भारत का इतिहास ।।4।।

नारी की अवमानना, करता नहीं समाज।
उसका भी अधिकार है, सारे जग में आज ।।5।।

लाज शर्म करतीं बहुत, संस्कारी ब्रजनार।
घूँघट में मुखड़ा छुपा, खूब जताती प्यार ।।6।।

सूना-सूना सा लगे, नारी बिना मकान।
रौनक होतीं नारियाँ, रोशन करें जहान ।।7।।

विविध रूप है नार के, माँ का रूप अनूप।
देती है सबको जनम, हो गरीब या भूप ।।8।।

नारी का सम्मान कर, नारी जग का मूल।
नारी माँ भगनी सुता, मत जाना तू भूल ।।9।।

नारी का श्रृंगार नर, नारी घर संसार।
जीवन का वह स्वर्ग है, उससे ही घर द्वार ।।10।।

नारी माँ वरदायिनी, वीणा वादिनि रूप ।
करते कवि आराधना, लिखते काव्य अनूप ।।11।।

घर घर नारी शक्ति का, मिलता हमें निशान ।
नारी बिन सूना लगे, घर जैसे शमशान ।।12।।

नर आभूषण नार का, 'अमर' प्रेम शृंगार ।
लज्जा से भूषित प्रिया, रूप चरित आधार ।।13।।

नारी अब अवला नहीं, नारी शक्ति महान ।
पहुंच गई वह चाँद पर, सैनिक बन दे जान ।।14।।

नारी मन जितना सरल, उतना करती प्यार ।
चतुराई हद से अधिक, होती है बेकार ।।15।।

उच्च सदा रहता 'अमर', पतिव्रता का भाल ।
विष्णु रुद्र ब्रह्मा बने, अनुसुइया के लाल ।।16।।

सभी व्यक्ति करते रहें, नारी का सम्मान ।
बन सकती है यह धरा, फिर से स्वर्ग समान ।।17।।

नारी महके फूल सी, धैर्य भाव गंभीर ।
देवी है वह प्यार की, सहती है हर पीर ।।18।।

नारी का शृंगार तो, होता उसका प्यार ।
त्याग प्रेम बलिदान की, मूरत होती नार ।।19।।

नैना बरसे नेह बस, पिया सुधारी भूल ।
सुख सरिता नारी बनी, हुआ समय अनुकूल ।।20।।

दीर्घ-आयु की कामना, नारी पर्व पुनीत।
व्रत कर करवा चौथ का, बढ़े चौगुनी प्रीत ।।21।।

ममता माता सी नहीं, पत्नी जैसा प्यार।
नारी जिस घर में नहीं, समझ नरक का द्वार ।।22।।

ठाकुर जी घर में नहीं, नारी का अपमान।
प्रेत वास करते वहाँ, रहें कुपित भगवान ।।23।।

लाज हया हो नार में, यह उसका शृंगार।
पति सेवा में रत रहे, वह भारत की नार ।।24।।

रूप रंग रस गंध को, नर व्याकुल दिन रैन।
नार सिर्फ भोग्या नहीं, क्यों इतने बेचैन ।।25।।

आंखों में पानी नहीं, लोग हुए बेशर्म।
नारी पूजित देश में, भूले अपना धर्म ।।26।।

नारी भूली देहरी, करे न पूजा आज।
करे विदेशी अनुकरण, भूली देश रिवाज ।।27।।

नारी घुँघट त्याग कर, करती जग के काम।
जल थल नभ हर क्षेत्र में, करती अपना नाम ।।28।।

नारी रचें प्रपंच जब, पति रहता मजबूर।
समझ सके ना देवता, रहना इनसे दूर ।।29।।

नारी का सौंदर्य ही, बनता क्यों अभिशाप।
है माता भगनी सुता, करते फिर क्यों पाप ।।30।।

दलदल फैशन के फँसीं, भारत की ये नार ।
भूली अपनी सभ्यता, नारी लज्जा सार ।।31।।

होते शर्मिंदा नहीं, लुटती नारी लाज ।
असुरक्षित है बेटियाँ, भ्रष्ट चरित्र समाज ।।32।।

बद से बदतर हैं यहां, नारी के हालात ।
प्रजातंत्र अब फेल है, करता कोरी बात ।।33।।

टूटी टूटी साँस है, नुचे फटे परिधान ।
कान्हा तेरे देश में, क्यों नारी अपमान ।।34।।

नारी पुस्तक लेखनी, यदि पहुंचे पर हाथ ।
लौटे यदि सौभाग्य से, नष्ट भ्रष्ट हो साथ ।।35।।

नारी अपने देश की, खतरे में है जान ।
नीच मनुज शोषण करें, रोगी बना जहान ।।36।।

करे सुरक्षित बेटियाँ, ध्यान रखे सरकार ।
दिन प्रतिदिन ही बढ़ रहा, नारी अत्याचार ।।37।।

भरी हाठ में लूटते, अबलाओं की लाज ।
मौन खड़ा हो देखता, बना अपंग समाज ।।38।।

नारी मुख घूँघट बिना, सर से चुनरी लुप्त ।
पग पायल बिछुआ नहीं, बहू शर्म से मुक्त ।।39।।

कलि की नारी कब करें, अब समाज से शर्म ।
अर्ध-नग्र घूमे शहर, त्यागा नारी धर्म ।।40।।

ऋतु एवं प्राकृतिक सौन्दर्य

गर्मी वर्षा शीत ऋतु, सुंदर रितु हेमंत।
कहती तरुड़ाई सदा, वर ऋतुराज बसंत।।1।।

विविध पुष्प शीतल पवन, मधुमय सुखद बसंत।
बन कामुक डिगने लगे, साधक, संत महंत।।2।।

नख-शिख का शृंगार कर, सजी धरा क्यों आज।
हरित पीत पहने वसन, स्वागत को ऋतुराज।।3।।

भँवरा तितली मक्खियाँ, पुष्प मधुर मकरंद।
खिले फूल चटकी कली, शुभ आगमन बसंत।।4।।

कोपल वृक्षों पर नई, पतझड़ का अब अंत।
कलिया घूँघट खोलतीं, देखें राह बसंत।।5।।

रंग-बिरंगे गुल खिले, भ्रमण करें गुंजार।
नृत्य करें मिल तितलियां, छाई गजब बहार।।6।।

आम्र मंजरी महकती, सुरभित दिशा दिगंत।
स्वागत है ऋतु राज का, सुंदर सुखद बसंत।।7।।

मौसम होते वर्ष में, इस जग में बस चार।
सावन पतझड़ जा चुके, शीत बसंत बहार।।8।।

मौसम हुआ सुहावना, पड़े गुलाबी ठंड।
मनभावन ऋतुराज ने, तोड़ा शिशिर घमंड।।9।।

कामुक है हेमंत ऋतु, खूब सताए काम ।
प्रीतम घर आते नहीं, जपती उनका नाम ।।10।।

बौर लगा है आम पर, कोयल करती गान ।
ब्रज में होली खेलते, बाल कृष्ण भगवान ।।11।।

जल भर पर्वत पर घटा, बरसेगी घनघोर ।
पिक चातक कोयल करें, मीठे स्वर में शोर ।।12।।

घिरी घटा घनघोर अब, बिजुरी चमके जोर ।
बरसे पानी जोर का, चलो घरों की ओर ।।13।।

नभ विद्युत चपला चपल, गरजें बादल घोर ।
छाई है काली घटा, बरसेगी चहुओर ।।14।।

रिमझिम सावन बरसता, कोयल गाती गीत ।
झूला झूले युगल छवि, अजब अनोखी प्रीत ।।15।।

गायब गरमाहट हुई, लुप्त हो गई धूप ।
बर्फ पड़े कश्मीर में, मौसम बना अनूप ।।16।।

मावस काली रात है, चाँद छुपा आकाश ।
रैन सेज पर सो रही, करती भोर प्रकाश ।।17।।

मित्र सवेरा हो गया, दिखा न सूरज आज ।
शीत हवा ठिठुरन भरी, वर्षा का आगाज ।।18।।

सुमन सुसज्जित मालती, फैली घर के द्वार ।
महके आधी रात को, रहती सदा बहार ।।19।।

नव पल्लव लतिका बढी, लिपटी वृक्ष तमाल ।
शोभा देखी कुंज की, अद्भुत दृश्य कमाल ।।20।।

चढ़ी जवानी शीत को, दिनकर है निष्प्राण ।
रहते नर घर में घुसे, पवन लगे ज्यों वाण ।।21।।

समय वही अनुकूल है, सर्दी लंबी रात ।
स्वस्थ सभी रहने लगे, सर्दी की क्या बात ।।22।।

सर्दी आई है अगर, खूब करो व्यायाम ।
तिल गुड़ खाओ बाजरा, मूंगफली बादाम ।।23।।

गरम-गरम पीते रहो, दूध चाय गुड सूप ।
सर्दी रंग दिखा रही, अच्छी लगती धूप ।।24।।

सदियों से संघर्षरत, करें चिकित्सक शोध ।
करे आचरण मनुज का, रोगों का अवरोध ।।25।।

मौसम करवट ले रहा, देखो बारंबार ।
धूप कभी बरसा शरद, लोग हुए बीमार ।।26।।

पौष मास सर्दी बढ़ी, वृद्धो का है काल ।
ओलावृष्टि शीत कुहर, करते खूब धमाल ।।27।।

सर्दी दस्तक दे रही, हुई गुलाबी रात ।
मेहनत से चूको नहीं, कर लो मन की बात ।।28।।

बरसा पानी था अभी, फिर गर्मी बेहाल ।
रोगी घर-घर में बढ़े, डेंगू करे कमाल ।।29।।

जेष्ठ मास गर्मी पड़े, जीव चाहते छाँव ।
छाया शहरों में नहीं, पेड़ बचे ना गांव ।।30।।

तापमान नित बढ़ रहा, प्रखर हो रही धूप ।
ताल कूप नदिया सहित, सूख रहे नलकूप ।।31।।

गर्मी से व्याकुल सभी, जीव जगत के आज ।
तेवर बदला धूप ने, पहना सिर पर ताज ।।32।।

भीषण गर्मी पड़ रही, चलती पवन प्रचंड ।
जीव हुए व्याकुल सभीं, करता सूर्य घमंड ।।33।।

विविध रंग के पुष्प हैं, विविध गंध रस अंग ।
सुमन देह धर कुंज में, आया आज अनंग ।।34।।

कुंद कली सी राधिका, भ्रमर लगें गोपाल ।
गोपी उड़ती तितलियां, रूप अनंग कमाल ।।35।।

उत्सव/ त्यौहार

जन्मोत्सव श्री कृष्ण का, मना रहे सब लोग।
पूजन अर्चन वंदना, मक्खन मिश्री भोग।।1।।

जन्म अजन्मे का हुआ, भादो आधी रात।
हर्षित सब ब्रजजन धरा, वन उपवन तरु पात।।2।।

खूब मिठाई बट रहीं, नंद भवन में आज।
जन्मदिवस है कृष्ण का, हर्षित सकल समाज।।3।।

लाली कीरत को मिली, हर्षित है बृषभान।
डूबा ब्रज आनंद में, करे विश्व गुणगान।।4।।

ब्रज में उत्सव मन रहा, राधा प्रकटी आज।
आतीं चाब बधाइयाँ, प्रमुदित संत समाज।।5।।

गगन धरा हर्षित सभी, हुआ राम अवतार।
नर नारी मिलकर सभी, गावें मंगलचार।।6।।

धरा सकल पावन हुई, दशरथ कुल पुर धाम।
अवधपुरी प्रकटे प्रभु, रघुकुल मणि श्री राम।।7।।

दीपों का त्यौहार यह, दीप जलाओ यार।
तम पर विजय प्रकाश की, आलोकित संसार।।8।।

पूजा करें कुबेर की, जला दीप नौ द्वार।
धन-धान्य परिपूर्ण रहें, मने दीप त्यौहार।।9।।

लक्ष्मी के आशीष से, रोशन हो संसार।
खुशहाली घर-घर रहे, बढ़े परस्पर प्यार।।10।।

उत्सव ब्रज की जान हैं, मना रहे भरपूर।
भजन भाव कीर्तन कथा, रखे गमों से दूर।।11।।

दीप पर्व के रूप में, कार्तिक का त्यौहार।
दीपदान सर्वत्र ही, करतीं ब्रज की नार।।12।।

ब्रजबाला है खुश बहुत, सांझी रची कमाल।
गोबर से रचना करी, देख रहे ब्रज ग्वाल।।13।।

राखी बांधे हाथ पर, और करे मनुहार।
भ्रात बहन के प्यार का, मनभावन त्यौहार।।14।।

ब्रज में भैया दूज का, है प्रसिद्ध त्योहार।
'अमर' रहे संसार में, भ्रात बहन का प्यार।।15।।

सभी तीर्थ आते यहां, देते हैं वरदान।
पावन राधा कुंड में, कर लो तुम स्नान।।16।।

बेला शुभ नववर्ष की, ब्रज उत्सव अभिराम।
खुशी शांति संपन्नता, दें जग को श्री राम।।17।।

हिंदी का नववर्ष शुभ, पौराणिक है वर्ष।
लेकर आया है खुशी, जन-जन के मन हर्ष।।18।।

संत समागम कुंभ में, डुबकी गंगा धार।
कलयुग के माहौल में, करता है उद्धार।।19।।

चौदस फागुन माह में, मौसम के अनुकूल।
पर्व महाशिवरात्रि का, मना रहे गम भूल।।20।।

नवल कलेवर प्रकृति का, नवल धरा परिधान।
उत्सव है नवरात्रि का, मंगल सकल विधान।।21।।

होली आनंदित करे, ब्रज जन मन में हर्ष।
उड़ते रंग गुलाल हैं, हृदय मोद उत्कर्ष।।22।।

कृष्ण ग्वाल राधा सखी, टेसू रंग अबीर।
खेलें होली प्रेम से, मथुरा जमुना तीर।।23।।

होली खेले कृष्ण अब, भर पिचकारी लाल।
सकुची सिमटी लाड़ली, मलते गाल गुलाल।।24।।

वृंदावन होली मची, खेल रहे दिन रैन।
गोपी मिल सब देखतीं, कृष्ण किशोरी नैन।।25।।

लाया फागुन संग में, मस्ती रंग गुलाल।
हुरियारों की टोलियां, गोपी करें धमाल।।26।।

मिलकर सब ब्रज गोपियाँ, भर भर डालें रंग।
सब हुरयारे नाचते, बाजे ढोल मृदंग।।27।।

बरसाने की राधिका, नंद गांव के ग्वाल।
गली रंगीली खेलते, हाथ लट्ठ ले ढाल।।28।।

बरसाने होली मची, लट्ठों की बौछार।
लटिया मारे गोपियां, झेलें गोप कुमार।।29।।

अष्ट सखी राधा सहित, होली को तैयार ।
सखा संग कान्हा करें, रंगों की बौछार ।।30।।

सकरी रंगीली गली, गोपी का धर रूप ।
होली कान्हा खेलते, कान्हा रूप अनूप ।।31।।

बादल बने गुलाल के, बरसा रंग अबीर ।
डूबा ब्रज आनंद में, मिटी सकल जन पीर ।।32।

या ब्रज में होली मची, घुले प्रीत के रंग ।
बलिहारी श्री कृष्ण पर, सुर नर संत अनंग ।।33।।

फाग राग गाकर कहें, विनय संग चितचोर ।
रंग खेल वृषभानुजा, होली ब्रज में शोर ।।34।।

ब्रजजन होली खेलते, लगता सुखद बसंत ।
रसिया होली के बने, नार भईं रसवंत ।।35।।

होली ब्रज में मच रही, रंग लगा इस बार ।
भंग छान हुड़दंग कर, नाच रहे हुरियार ।।36।।

गोपी गोरे गाल को, छू न सके गोपाल ।
छू लें होली में सहज, करती नहीं सवाल ।।37।।

खेलें होली गोपियाँ, मलतीं रंग गुलाल ।
गोप सभी बचकर चले, फँस गए नंदलाल ।।38।।

अंग-अंग पर डालते, रंग गोप गोपाल ।
प्रेम पगी सब गोपियाँ, करतीं नहीं मलाल ।।39।।

रंग कृष्ण के संग में, खेल रहीं ब्रजनार।
रंग लगातीं पकड़ कर, खुशियाँ हृदय अपार।।40।।

कृष्ण आज गोपी बने, पहुंचे द्वार अहीर।
महलों में जाकर मिले, मलते गाल अबीर।।41।।

पिछले शिकवे भूल कर, मिलें प्रेम के साथ।
होली के इस पर्व पर, चलो मिलाए हाथ।।42।।

होली के हुड़दंग से, बचकर रहना यार।
रंग डाल लठ मारतीं, होली में ब्रजनार।।43।।

जला बुराई आग में, उमड़ा प्रेम अपार।
भेद भाव मन से मिटा, होली में इस बार।।44।।

कपट कुटिलता जल गई, हुई भक्त की जीत।
बोलो जय प्रहलाद की, करो भक्ति से प्रीत।।45।।

होली खेलो संत से, निर्मल कथा प्रसंग।
भक्ति भाव से मन रँगे, कृष्ण प्रीत के रंग।।46।।

होली की शुभकामना, बोलो जय प्रहलाद।
हो अन्याय अधर्म पर, भक्त- भक्ति आह्लाद।।47।।

होली जलते में सभी, 'अमर' बुराई डाल।
प्रेम भाव दिल में रहे, दूर जगत जंजाल।।48।।

होली दुश्मन से मिलो, भुला पुरानी बात।
क्षमा मांग मिलना गले, प्रेम मिले सौगात।।49।।

होली रंगों में छुपा, प्रेम प्रीत सौहार्द।
मिलो गले आगें बढ़ो, नहीं समय बर्बाद।।50।।

रंग लगाने में छुपा, सब खुशियों का राज।
रंग लगाते आपको, क्यों होते नाराज।।51।।

नशा बुरा हर चीज़ का, मत करना तुम यार।
ठंडाई ले प्रेम से, नशा करो इंकार।।52।।

होली पर गाली मिलें, 'अमर' बुरा मत मान।
गोरी गाती गालियाँ, ब्रज की यह पहचान।।53।।

रंगीले यदि छेड़ते, लठिया मारें नार।
बजमारे संडा कहें, बुरा न मानों यार।।54।।

'अमर' छान कर भांग को, सभी हो रहे मस्त।
होली के हुडदंग में, ब्रज जन देखो व्यस्त।।55।।

मिलन परस्पर कर रहे, होली में कर मेल।
प्रेम लाडली लाल का, जग में है अनमोल।।56।।

पर्यावरण/प्रदूषण

दूषित है पर्यावरण, नीर प्रदूषण घोर।
हवा विषैली हो गई, पेड़ लगा चहुओर ।।1।।

सुधरेगा पर्यावरण, सभी रहेंगे मस्त।
पृथ्वी वृक्षों से भरो, करो प्रदूषण अस्त ।।2।।

गायब धरती से हुए, नजर न आते वृक्ष।
रहें 'अमर' पक्षी कहाँ, वृक्षों पर खग कक्ष ।।3।।

विटप नरों में बाँटते, लकड़ी फल अरु छाँव।
शहरों में कटते रहें, नहीं अछूते गाँव ।।4।।

पेड़ काट मत बावरे, विटप मनुज की जान।
बिना स्वास के जिंदगी, क्या? जीता इंसान ।।5।।

पेड़ लगाएँ हम सभी, है जीवन आधार।
स्वच्छ रहे वातावरण, बात यही दमदार ।।6।।

तरु खग पाहन भू गगन, है प्रभु के उपहार।
रक्षण इनका हम करें, इनसे है संसार ।।7।।

'अमर' प्राकृतिक संपदा, जन जीवन आधार।
इसका दोहन मत करो, धरती का शृंगार ।।8।।

लगें बेखबर लोग सब, पृथ्वी करे प्रलाप।
शोषण करते नित मनुज, सहती माँ संताप ।।9।।

घुटन भरी है जिंदगी, करो लोक कल्याण।
वृक्ष लगा वन बाग में, जन जन का कर त्राण।।10।।

लुत हुई ब्रज संपदा, सूख रहे ब्रज कुंड।
सूखे वृक्ष कदम्ब के, तरु करील के झुंड।।11।।

बरगद पीपल गाँव में, रहे न वृक्ष तमाल।
कच्चे घर गाड़ी नहीं, बदला ग्राम समाज।।12।।

बदला है परवेश अब, रहे न वैसे गाँव।
पगडंडी पनघट नहीं, मिट्टी लगे न पाँव।।13।।

गौरैया घटने लगी, लगता अब अवसान।
दूषित है वातावरण, पक्षी सब हैरान।।14।।

शकुनिगणों की जातियाँ, होती जातीं लोप।
हम सब की नादानियाँ, कुदरत का भी कोप।।15।।

चटक चिरैया खो गई, आती थी घर रोज।
दिखती सहज न अब कहीं, करनी पड़ती खोज।।16।।

गंगा दूषित हिंद की, पूजित नदी महान।
पाप-ताप मोचन करे, संत करें गुणगान।।17।।

पीड़ा यमुना की समझ, आओ फिर गोपाल।
आप बिना यमुना दुखी, हुई प्रदूषित लाल।।18।।

स्वच्छ बहे गंगा 'अमर', बदली अब तस्वीर।
जन-जन के सहयोग से, निर्मल गंगा नीर।।19।।

मनुज मना तुलसी दिवस, पौधा घर-घर रोप।
दीपक गौ-घृत का जला, करें ना व्याधि कोप।।20।।

वृक्षारोपण हो सतत, जल संचय पर ध्यान।
बने स्वच्छ पर्यावरण, घर-घर हो उद्यान।।21।।

जनता से सरकार तक, करते वाद विवाद।
सभी वृक्ष रोपण करें, तभी रहें आबाद।।22।।

मना मीडिया पर दिवस, बनीं योजना खास।
परणित कार्य रूप में, नहीं 'अमर' यह आस।।23।।

प्रकृति वृक्ष जल लो बचा, जल जीवन आधार।
वृक्ष नहीं तो जल नहीं, होगा कल बेकार।।24।।

उद्यम वाहन कर रहे, वायु तत्व को नष्ट।
'अमर' अगर सुधरा नहीं, पाएंगा तू कष्ट।।25।।

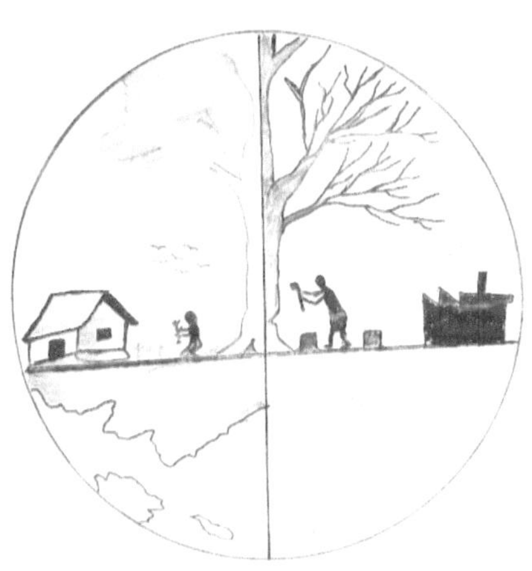

भ्रष्टाचार

धर्म भूल संतान अब, करती कैसा पाप ।
खुद रहती आराम से, दुखी रहें मां-बाप ।।1।।

संत धर्म की आड़ में, करते उल्टे काम ।
पर्दा जब उनसे हटे, निकलें आसाराम ।।2।।

कुत्ता बिल्ली पालते, सेवा लाड़ दुलार ।
मात-पिता नित झेलते, वृद्धाश्रम की मार ।।3।।

काम वासना में रँगा, कुत्सित बन इंसान ।
बलात्कार करता फिरे, क्या? होगा भगवान ।।4।।

लालन पालन बाल का, कैसे करती मात ।
पढ़ लिख जब काबिल बने, नहीं पूछता बात ।।5।।

लोग बने बहरूपिया, दूषित हुआ चरित्र ।
अब तो भ्रष्टाचार के, लोग बने हैं मित्र ।।6।।

पापी अब सुख भोगते, त्यागी सहें अभाव ।
सत्य-निष्ठ भूखा मरे, कलि का बुरा प्रभाव ।।7।।

व्यास पीठ पर बैठकर, करते नित उपदेश ।
ज्ञान भक्ति बैराग का, झूठ बनाकर भेष ।।8।।

सुने नार की बात नर, रहे पिता से दूर ।
ममता माँ की भूल कर, नार नयन का नूर ।।9।।

जननी पालन कर रही, करती लाड़ दुलार ।
मगर वृद्ध हों सुत उन्हें, देता क्यों दुत्कार ।।10।।

मात-पिता की बात को, पुत्र न देता मान ।
वृद्धों की गरिमा घटी, पाप करे इंसान ।। 11।।

गायब सुंदरता हुई, मन वाणी की यार ।
तन को सुंदर समझती, अल्प वसन में नार ।।12।।

बढ़ते डिजिटल काम से, होने लगा सुधार ।
भ्रष्ट दुखी होते दिखें, योगी की सरकार ।।13।।

सेवा माता की करें, सुनें न सासु पुकार ।
सास लगे माता नहीं, करे शिकायत नार ।।14।।

दुखी रहें अब वृद्ध भी, पढ़ी लिखी संतान ।
सेवा करें न पिता की, नहीं धर्म का ज्ञान ।।15।।

आज पड़ोसी स्वार्थ में, करे न पर उपकार ।
देख विपद में मनुज को, बात करे कब यार ।।16।।

भ्रष्ट आचरण मनुज का, बदला अब संसार ।
धर्म कर्म को भूलकर, बस पैसे से प्यार ।।17।।

राष्ट्र वंदन के दोहा

राष्ट्र भूमि वंदन करूँ, चरण धरूँ निज माथ ।
मुकट हिमालय चमकता, सूर्य रश्मि के साथ ।।1।।

सिंधु पखारे नित चरण, पावन गंगा धार ।
दीप्तिमान है वन वसन, ओस करे श्रृंगार ।।2।।

कंठ हार नदियाँ बनीं, जड़ें रतन मिल खान ।
छवि विलोक मन है मगन, पक्षी कलरव गान ।।3।।

गीत खुशी के अधर पर, आह्लादित जन देश ।
चरण चूमती सफलता, बना सुखद परिवेश ।।4।।

हैं उल्लासित बस्तियां, करें नृत्य अरु गान ।
सरसों फूली खेत में, कृषक अधर मुस्कान ।।5।।

करते है प्रभु का भजन, यहाँ मगन सब लोग ।
करें ग्रहण परसाद सब, लगा कृष्ण को भोग ।।6।।

इज्जत करते देश की, अर्पित, तन, धन, मान ।
सच्चे वीर सपूत है, माँ का रखते ध्यान ।।7।।

दानवता डरती फिरे, मानव रखते मूछ ।
मूछमुण्डे के बीच में, मानवता की पूछ ।।8।।

धोती-कुर्ता पहनते, वस्त्र स्वदेशी मान ।
भारत की पोशाक यह, बनी देश पहचान ।।9।।

बालायें सीता सभी, बालक राम समान ।
मर्यादा रघुकुल 'अमर', जाय वचन दें प्रान ।।10।।

जागतिक श्रृंगार

बिंदी नथनी कंगना, घूँघट नैन कटार।
सुगढ़ सलौने अंग है, गजब रूप शृंगार ।।1।।

रहे सुमन जो अध खिले, देते मस्त सुगंध।
महका देते जिंदगी, स्नेह प्रीत संबंध ।।2।।

लव गुलाब की पंखुड़ी, नैन बने हैं जाम।
यौवन से लवरेज है, सब कुछ पिय के नाम ।।3।।

सजन शीघ्र आकर मिलो, बन जाएगी बात।
चढ़ी जवानी देखकर, लोग करें प्रतिघात ।।4।।

राह देखते मैं थकी, पिय हो तुम चितचोर।
सारी दुनिया कह रही, झूठ प्रीत है तोर ।।5।।

सजनी तड़पे विरह में, कब आओगे कंत।
सावन में आए नहीं, आकर चला बसंत ।।6।।

शीतल पूनम चाँदनी, पिया नहीं है पास।
तपता है मेरा बदन, नहीं मिलन की आस ।।7।।

सजनी साजन से मिली, शरद चाँदनी रात।
आलिंगन करके पिया, करो प्रीत बरसात ।।8।।

दिल की बातें हम करें, सोता सब संसार।
दे दो साजन सुख मुझे, छोड़ो अब तकरार ।।9।।

पिया राग में रागनी, गीत प्रेम आधार।
मिलन स्वरों का हो रहा, झंकृत वीणा तार।।10।।

मारग में गोरी खड़ी, नजरें तीर कमान।
शोख अदा नजरें मिलीं, ले ली मेरी जान।।11।।

जा रे कारे बादरा, तनक न आई लाज।
बलम रहें परदेस में, तू क्यों बरसे आज।।12।।

गोरी अब सर्दी पड़े, मिले आग से चैन।
बैठो जब तुम सामने, सुख पाते है नैन।।13।।

सुंदर कोमल तुम प्रिया, नैना है रतनार।
प्रमुदित मन की तुम धनी, हँस मुख हो तुम नार।।14।।

प्रेम जताकर दिलरुबा, छोड़ गई मझधार।
रोता दिल तेरे बिना, गई कहाँ गुलनार।।15।।

मृगनयनी नव नायका, ताके तिरछे नैन।
मधुर मधुर मुस्कान से, छीने दिल का चैन।।16।।

प्रिय पतंग तेरी बनी, सौंपी कर में डोर।
मर्जी अब तेरी रही, ले चल तू जिस ओर।।17।।

नदिया से सागर कहे, क्यों रहती है दूर।
लूंगा मैं दिल से लगा, प्यार करूँ भरपूर।।18।।

टूटे उर तटबंध जब, पिया चले परदेश।
जाने कब मेरे पिया, लौटेंगे निज देश।।19।।

प्रेम प्रीत की बात में, गुजर गई सब रात ।
चौंके हम दोनों तड़प, कैसे हुआ प्रभात ।।20।।

इठलाती है तितलियां, पंछी गाते गीत ।
काम अग्नि दिल में लगी, कामुक तुम मनमीत ।।21।।

सजनी साजन से मिली, बोले मीठे बोल ।
दिल में लूं तुमको छुपा, बलम बड़े अनमोल ।।22।।

नजरों से नजरें मिली, झुकीं नजर इक बार ।
मंद-मंद मुस्कान से, जुड़ते दिल के तार ।।23।।

तेरे नैनों का प्रिये, कैसे करूँ बखान ।
कजरारे बाँके नयन, लगते तीर कमान ।।24।।

गोरी तेरे रूप का, दरस बड़ा अनमोल ।
लट लटकी जो गाल पर, चूमे सरस कपोल ।।25।।

काम अग्नि में जल रही, विरह नहीं आराम ।
परस एक दिलदार का, करे दवा का काम ।।26।।

गलबहियां लिपटे सजन, बने गले का हार ।
रोम रोम पुलकित हुआ, हुई प्रेम बौछार ।।27।।

सजनी साजन से करे, खुलकर दिल की बात ।
वर्षा कर दो नेह की, सजन तपी दिन रात ।।28।।

बंक नयन अभिसारिका, पाकर मृदु मुस्कान ।
चंचल मन भरने लगा, फिर से उच्च उड़ान ।।29।।

मैं चंदा की चाँदनी, शीतल तन मन मोर।
सपने तन मन में जगे, आ जाओ चितचोर ॥30॥

काया महके फूल सम, यौवन गजब निखार।
बल खाती हो बेल सम, कर लो मुझसे प्यार ॥31॥

शीतल पूनम चाँदनी, रात बड़ी अनमोल।
मिलते प्रेमी प्रेमिका, प्रेम तराजू तोल ॥32॥

हर्ष परम सौभाग्य है, किया पिया ने याद।
समझ विरह की वेदना, सुनी हृदय फरियाद ॥33॥

घायल दिल वह कर गई, कर गोरी उपहास।
बात समझ आती नहीं, करूँ मिलन की आस ॥34॥

सत्य सजन मैं कह रही, छोड़ न जाओ मीत।
होने दो कम शीत को, बलम निभाओ प्रीत ॥35॥

सुखद सरस ऋतु आगमन, करूँ पिया से प्रीत।
छुट्टी नहीं उनको मिली, मुझे सताए शीत ॥36॥

विनती प्रिय सुन लीजिए, करती दिल से प्यार।
आजा साजन मिलन को, जीवन के दिन चार ॥37॥

काजल नैनों में लगा, गजरा बाँधा केश।
सपने में मिलने गई, साजन रहें विदेश ॥38॥

कुंडल टीका नथुनिया, कंगन चूड़ी हार।
पिया रहें परदेस में, लगते सब बेकार ॥39॥

बरसे नैना नेह बस, विनती करी कबूल।
सजन संग रहने लगी, समय हुआ अनुकूल ।।40।।

याद करूँ दिन रात में, पाऊँ कैसे चैन।
आशंका में डूब कर, रोती हूँ दिन रैन ।।41।।

करें न साजन फोन अब , रहती उनसे दूर।
बरसों बीतीं याद में, ढला जवानी नूर ।।42।।

चिट्ठी साजन की मिली, उसमें फूल गुलाब।
शादी साजन मिलन के, उदित हुए नव ख्वाब ।।43।।

सजन विरह में जल रही, काम सुलगती आग।
आस मिलन की अब बढ़ी, बोला आँगन काग ।।44।।

दिल में रखना साजना, रहती तन से दूर।
बसते सांसों में पिया, प्रेम विरह मजबूर ।।45।।

उलझीं लट अभिसार में, मुख पर लज्जा नूर।
चंचल चित बाँकी नजर, कमल बदन की हूर ।।46।।

इश्क चढ़ा परवान जब, भूली जग की रीत।
मेरे मन को भा गई, सजना तेरी प्रीत ।।47।।

मुखड़ा देखे कामिनी, कर सोलह शृंगार।
आवेंगे घर साजना, होती वह तैयार ।।48।।

बात-बात की बात है, तुम्हें बताऊँ बात।
सोच बात उस रात की, सो न सकी मैं रात ।।49।।

यादें तेरी हृदय में, भरने लगी उमंग।
कैसा यह अनुबंध है, तन्हाई के संग ।।50।।

रात लुटेरा लूटकर, चला गया परदेश।
कैसे तेरे बिन रहूँ, देते सब उपदेश ।।51।।

देख सजन की पीर को, होती बहुत अधीर।
अपना दुख क्यों कर कहूँ, हरूँ सजन की पीर ।।52।।

रक्खा मिला किताब में, पहला पहला पत्र।
शादी कच्ची उम्र की, याद हुई एकत्र ।।53।।

प्रिया प्रेम बरसात से, तृप्त हुआ मन गात।
प्यासे चातक की तरह, तड़पा हूँ दिन रात ।।54।।

नींद उड़ी बेचैन हूँ, मन का है बेहाल।
गोरी आधी रात में, प्रीत बनी जंजाल ।।55।।

गाल सुर्ख है प्रिया के, अखियाँ तीर कमान।
देखे तो घायल करे, पूर्ण करे अरमान ।।56।।

रजनी में सजनी मिली, सजधज करती बात।
सजनी से अभिसार में, जल्दी हुआ प्रभात ।।57।।

लव गुलाब की पंखुड़ी, नथनी लगे कमाल।
गालों का तिल कर रहा, आशिक को बेहाल ।।58।।

नैनों से नैना कहें, सरस हृदय की बात।
नैना सब समझें 'अमर, चाह मिलन हो रात ।।59।।

पत्थर दिल मेरा बना, सहते सहते घाव।
कहो प्रेम कैसे करूँ, दिल में प्रेम अभाव।।60।।

कहते रहते है सनम, अपनी अपनी बात।
समझ न पाये वह कभी, मेरे क्या हालात?।।61।।

घूँघट मुख पर अब नहीं, खोना मत तुम शील।
लाज शर्म बिन नार अब, लगतीं तुम अश्लील।।62।।

रात न कटती विरह की, वर्षा देती ताप।
बिछड़े हम संयोग से, लगा किसी का श्राप।।63।।

मैं सोलह शृंगार कर, गाती तेरे गीत।
रातें अब कटती नहीं, कब लौटोगे मीत।।64।।

सपनों में आकर मिलो, तन्हाई के बीच।
नींद सफलता की मुझे, देगी प्रेम उलीच।।65।।

आम्र वृक्ष नव मंजरी, नव कोपल हर डाल।
बोले कोकिल पिक मधुर, विरह करे बेहाल।।66।।

अधर गुलाबी रस भरे, नजरें तीर कमान।
यौवन के मद में भरी, बना रही शैतान।।67।।

विरहा का मन है दुखी, बना बसंत अनंग।
मन करता नित जागरण, तन में प्रेम तरंग।।68।।

मन पहुँचा परदेश में, पड़ी यहां पर देह।
काम वाण लेकर खड़ा, शैतानों का गेह।।69।।

बादल जल बरसा करे, शीतल मंद समीर।
विरह रात कटती नहीं, रोग बड़ा गंभीर ।।70।।

सारे अंबर में 'अमर', दिखें चंद्र के साथ।
घूम रहे हैं रैन में, प्रेमी पकड़े हाथ ।।71।।

गोरी हँस कर कह रही, प्रीत करी नादान।
सजन विरह में तड़पती, रखो नहीं तुम ध्यान ।।72।।

नजर एक अब देख लो, मेरे प्राणाधार।
तरस रहे मेरे नयन, करने को दीदार ।।73।।

सजन कठिन है काटनी, तन्हाई की रात।
बीते दिन घर काम में, रैन जले मम गात ।।74।।

कुदरत के उपहार को, सजनी रखो संभाल।
रूप मिला है गजब का, फीकी सभी मिसाल ।।75।।

सेवानिवृति की सजा

सजा रिटायरमेंट की, हल्के में मत तोल ।
अब जो भी है बोलना, सोच समझ कर बोल ।।1।।

बंधन बहुत गृहस्थ के, मत समझो आजाद ।
मर्यादा में तुम रहो, कृष्ण सुनें फरियाद ।।2।।

फिक्र रहे परिवार की, नहीं कहीं पर टूर ।
घर किचकिच से है भरा, रह सकते हम दूर ।।3।।

खुलकर मत अब बोलिये, रिटायरमेंट जंजाल ।
काम करो घर के 'अमर', लगते तुम्हें बवाल ।।4।।

बाद रिटायरमेंट के, जो करते हैं याद ।
वे ही सच्चे मित्र हैं, सुनें मित्र फरियाद ।।5।।

'अमर' नहीं मिलता कभी, कोई भी अवकाश ।
बहुत बुरी यह नौकरी, क्रोध चढ़े आकाश ।।6।।

पत्नी जी की हाजरी, करने को मजबूर ।
पेंशन मिलती खूब पर, मुखड़े पर नहिं नूर ।।7।।

छ्यासठ साला हो गया, फिर भी ना आजाद ।
बदला-बदला सा हुआ, जीवन का अंदाज ।।8।।

आफिस से चिन्ता बडी, करूँ काम की खोज ।
पत्नी ने घायल किया, आहत होता रोज ।।9।।

एक साथ सब बैठकर, करे कलह परिवार ।
जीवन जीने की कला, भजन करो तुम यार ।।10।।

हिन्दी

थाह नहीं है काव्य की, हिंदी है बेजोड़ ।
भारत माँ की लाडली, नहीं किसी से होड़ ।।1।।

आपस में सब कीजिए, हिंदी में संवाद ।
जन-जन की भाषा बने, हिंदी हो आवाद ।।2।।

हिंदी भाषा हिंद की, सभी रखें यह ध्यान ।
संस्कृत की बेटी 'अमर', नहीं करें अपमान ।।3।।

देवनागरी सी नहीं, अद्भुत लिपि यह जान ।
करते मान जगत में, हिंदी के विद्वान ।।4।।

हिंदी संस्कृत में लिखा, कृष्ण-भक्ति साहित्य ।
हरि कृपा से चमक रहा, भक्ति भाव आदित्य ।।5।।

हिंदी साहित्य जगत में, पाती है सम्मान ।
पढ़ते है सब ध्यान से, करते है गुणगान ।।6।।

हिंदी भारत में बनी, जन-जन की सिरमौर ।
लोगों को भाती यही, करके देखो गौर ।।7।।

संस्कृत-हिंदी देश की, संस्कृति की पहचान ।
धर्म - ग्रंथ मिलते सभी, भाषा देश महान ।।8।।

शीताष्टक

बढ़ा शीत पाला पड़ें, कैसे करूँ बखान।
युवा नहीं बूढ़ा हुआ, या दों में तूफान ।।1।।

सूरज नखरे कर रहा, समझ न पड़े बिहान।
वृद्ध पड़ा ही सोचता, सर्दी से हैरान ।।2।।

कभी कोहरा आ घना, सुबह करे व्यवधान।
ओस टपकती रात को, करे शीत गुणगान ।।3।।

दिन में बादल हों घिरे, सुन्न अंग सब मान।
थर-थर बुड्ढा काँपता, करती आग निदान ।।4।।

बस्त्र पुराने पहनते, बालक वृद्ध जवान।
सर्दी घर बैठे रहें, भूल गए अब शान ।।5।।

युवा इश्क फरमा रहे, शीत गुलाबी जान।
रुइ से भरी रजाइयाँ, बचा रही है प्रान ।।6।।

दिवा स्वप्न आते रहें, मौसम में तूफान।
बाहर अब निकलूं नहीं, ठंड भयंकर जान ।।7।।

काम सभी के बंद हैं, पशु पक्षी इंसान।
तेरी महिमा शीत तो, कहना ना आसान ।।8।।

श्री राम प्राण-प्रतिष्ठा

प्राण प्रतिष्ठा हो गई, था दिनांक बाईस।
आंग्ल मास था जनवरी, दो हजार चौबीस।।1।।

त्रेता जैसा दिख रहा, जन-जन में उल्लास।
मूर्ति प्रतिष्ठा हो गई, राम धाम में खास।।2।।

राम काज बलिदान को, देश करेगा याद।
गए राम के धाम में, देह त्याग के बाद।।3।।

न्यायालय आदेश से, हुई राह आसान।
सन दो हजार बीस से, मंदिर का निर्मान।।4।।

राम उपेक्षित जब रहे, होता कहाँ विकास।
फटा टेंट बैठे रहे, खुला हुआ आकाश।।5।।

राजनीति करते रहे, हिंदू मुस्लिम लोग।
नेताओं में वोट का, बड़ा बुरा है रोग।।6।।

जन-जन की उम्मीद थी, मुश्किल था यह काम।
लौटे हैं परिकर सहित, अपने घर प्रभु राम।।7।।

हुआ राम का आगमन, निज वैभव के साथ।
अब विकास अद्भुत हुआ, योगी जी का हाथ।।8।।

सुंदर छवि श्री राम की, देखें जन अविराम।
अश्रु वेग रुकता नहीं, सुंदर रूप ललाम।।9।।

सचलभाष (मोबाइल)

सचल भाष जीवन बना, रहता सबके पास।
ज्ञात करें सब कुशलता, हुआ पत्र का ह्रास।।1।।

सचल भाष गूगल गुरू, देता सबको ज्ञान।
सुनता है सब की कही, लोग रहे हैं मान।।2।।

सचलभाष मत दीजिए, तुम बच्चों के हाथ।
लगता है चस्का बुरा, कभी न छोड़ें साथ।।3।।

सचल भाष ने कर दिया, जीना अब आसान।
घर बैठे पाओ 'अमर', आवश्यक सामान।।4।।

मोबाइल में गुन बहुत, लेकिन है कुछ दोष।
बच्चे देखें हो पतन, उड़ जाएंगे होस।।5।।

पढ़ते अब पुस्तक नहीं, नहीं संत सम्मान।
मोबाइल माता-पिता, बस उस पर ही ध्यान।।6।।

सचलभाष ने कर दिए, रिश्ते सभी खराब।
दिन भर बच्चे देखते, सुनते नहीं जनाब।।7।।

गौरैया चिड़िया

गौरैया दिखती नहीं, आती थी घर भोर।
बच्चे लेकर साथ में, कर चींचीं का शोर ।।1।।

बना घोंसला घरों में, रहती थी घर मान।
गौरैया प्यारी लगे, बच्चों की वह जान ।।2।।

कभी घोंसला यदि करें, गौरैया निर्माण।
आगंतुक मानें उन्हें, और दीजिए मान ।।3।।

दाना पानी छत पर, देते रहिए यार।
होगी घर आंगन खुशी, पाएँ उनका प्यार ।।4।।

सबके आँगन की बने, फिर गौरैया शान।
चहके आँगन में 'अमर', घर हो स्वर्ग समान ।।5।।

।।इति दोहावली सम्पूर्णम।।

लेखक की अन्य पुस्तके

लेखक के शोध ग्रन्थ 'राधावल्लभ सम्प्रदाय के ब्रजभाषा गद्य साहित्य का सर्वेक्षण' पुस्तक की नि:शुल्क ई-बुक प्राप्त करने हेतु नीचे दी गयी लिंक पर जाएं।

https://online.fliphtml5.com/muqjv/qqux/

या क्यूआर कोड स्कैन करें-

मूल्य देकर पुस्तक की हार्डप्रति हेतु notionpress.com वेबसाइट पर जाकर radhavallabh सर्च करे या मो.नं. 9897536610/ई-मेल आईडी jgdshsaini.js@gmail.com पर सम्पर्क करें।

'अमर' दोहा शतक डॉ अमर सिंह सैनी द्वारा रचित एक नयी कृति है, जिसमे लेखक द्वारा रचित 100 दोहों का संग्रह है, इस कृति में दोहा रचना विधान अर्थात दोहा की रचना नियमों को भी सम्मलित किया गया है ।

इस पुस्तक की नि:शुल्क ई-बुक प्राप्त करने हेतु नीचे दी गयी लिंक पर जाएं।

https://online.fliphtml5.com/muqjv/xxla/

या क्यूआर कोड स्कैन करें-

मूल्य देकर पुस्तक की हार्डप्रति हेतु notionpress.com वेबसाइट पर amar doha shatak सर्च करे या मो.नं. 9897536610 पर संपर्क करें।

विद्वानों का मत है कि ब्रजभूमि के सिद्ध-हस्त दोहाकार 'श्रीमाली' की श्रमज्योति से दैदीप्यमान, सुसंगत 'आध्यात्म' (राधाकृष्ण भक्ति), नीति, शृंगार, देश-प्रेम, नारी, पर्यावरण, ऋतु एवं प्राकृतिक सौंदर्य, जागतिक प्रेम (शृंगार), भ्रष्टाचार आदि विविध विषयों से सुसज्जित यह 'अमर' दोहावली कृति अपने उदात्त भावों से पाठक के अंतस में श्रद्धा, विश्वास और भक्ति की पावन त्रिवेणी प्रवाहित करेगी और निश्चय ही जनसामान्य पाठक, छात्र, व्यक्तियों, संस्थाओं और नवोदित साहित्यकारों के लिए कल्याणकारी सिद्ध होगी।

अत: यह 'अमर' दोहावली (दोहा रचना विधान सहित) सर्वथा संग्रह करने के योग्य है और सभी को अवश्य पढ़नी चाहिए।"

इस पुस्तक की नि:शुल्क ई-बुक प्राप्त करने हेतु नीचे दी गयी लिंक पर जाएं।

https://online.fliphtml5.com/muqjv/bvnz/

या क्यूआर कोड स्कैन करें-

मूल्य देकर इस पुस्तक की हार्डप्रति हेतु notionpress.com/ Flipkart/Amazon वेबसाइट पर जाकर Amar Dohawali सर्च करे या मो.नं. 9897536610/ई-मेल आईडी jgdshsaini.js@gmail.com पर सम्पर्क करें।

विविध सम्मान/ स्मृतियाँ

9 798894 464572